Janet Biehl

# Reise nach Rojava



UNRAST

**Janet Biehl** ist unabhängige Wissenschaftlerin, Lektorin und Künstlerin. 1986 kam sie zum *Institute for Social Ecology*, wo sie Murray Bookchin kennenlernte, mit dem sie bis zu seinem Tod 2006 eng zusammenarbeitete. In den 1990er-Jahren prägte sie den Begriff des ›sozialen Ökofeminismus‹. Seit 2012 hat sie mehrere Bücher über die kurdische Befreiungsbewegung aus dem Deutschen ins Englische übersetzt. Bookchins Schriften und Ideen hatten großen Einfluss auf das neue Paradigma der kurdischen Bewegung, den ›Demokratischen Konföderalismus‹. Um zu sehen, wie diese Ideen Eingang in die gesellschaftliche Wirklichkeit finden, reiste Biehl mehrere Male nach Rojava bzw. Nordost-Syrien und berichtete von ihren Erlebnissen.

Janet Biehl

# Reise nach Rojava

Eine Comic-Reportage

aus dem Amerikanischen

von Hêlîn Dirik

UNRAST

Bibliografische Information der Deutschen Bibliothek:
Die Deutsche Bibliothek verzeichnet diese Publikation in der Deutschen Nationalbibliografie; detaillierte bibliografische Daten sind im Internet über https://dnb.de abrufbar.

Die Übersetzung wurde vom Deutschen Übersetzerfond im Rahmen des Programms »NEUSTART KULTUR« gefördert

Janet Biehl
Reise nach Rojava
1. Auflage, Oktober 2022
ISBN 978-3-89771-185-3

Titel der Originalausgabe:
Their Blood Got Mixed: Revolutionary Rojava and the War on ISIS

www.unrast-verlag.de – kontakt@unrast-verlag.de
Mitglied in der assoziation Linker Verlage (aLiVe)

Umschlag: UNRAST-Verlag
Satz: UNRAST-Verlag
Druck: Multiprint, Kostinbrod

# Inhalt


Prolog 1

I. Der Islamische Staat 3
II. Warum ich hier bin 32
III. Glieder in einer Kette 36
IV. Ein Ort der Geflüchteten 48
V. Die Revolution von 2012 60
VI. Frauenverteidigungseinheiten (YPJ) 70
VII. Frauen und Männer 85
VIII. Szenen aus Qamişlo 117
IX. Wirtschaft 126
X. Kobanê plus vier Jahre 136
XI. Afrîn 153
XII. Sicherheit 176
XIII. Soziale Ökologie 182
XIV. Demokratie 194
XV. Selbstverwaltung 213

Nachwort 243
Danksagungen 247

# Prolog

Kurd*innen und ihre Vorfahren leben seit jeher im Nahen Osten. In den 1920er-Jahren schufen europäische Mächte jedoch Nationalstaaten um sie herum und zwangen sie, als Minderheit unter ethno-nationalistischen Regimen zu leben, die sie verfolgten und versuchten, ihnen ihre Menschenrechte und sogar ihre Identität zu entreißen. Durch eine ungewöhnliche Reihe von Umständen öffnete sich im Sommer 2012 in Nordsyrien jedoch ein Möglichkeitsfenster für die Kurd*innen, um sich selbstzuverwalten. Anstatt in eine Art rachsüchtigen Gegen-Nationalismus zu verfallen, wagten sie einen anderen Weg: sie beschlossen, mit anderen unterdrückten ethnischen und religiösen Minderheiten zusammenzuarbeiten und versuchten, den Hass zu überwinden, indem sie ihre soziale Solidarität mit ihnen praktisch bekräftigten. Gemeinsam machten sich die bis dahin marginalisierten Völker Nordsyriens, angeführt von den Kurd*innen, mutig an den Aufbau einer pluralistischen, multiethnischen demokratischen Gesellschaft.

Während Syrien in den Bürgerkrieg stürzte, errichteten die Kurd*innen und ihre arabischen und assyrischen Verbündeten ein selbstverwaltetes Gemeinwesen auf der Grundlage von Bürger*innenversammlungen und einer umfassenden Beteiligung aller Bürger*innen. Und sie öffneten die Gesellschaft für Frauen, so dass diese nicht mehr der frühen Verheiratung und Kindererziehung, »Ehrenmorden« und Polygamie ausgeliefert waren, sondern neben den Männern an ausnahmslos allen gesellschaftlichen und politischen Funktionen beteiligt waren, ja dazu ermutigt wurden, einschließlich der demokratischen Institutionen und der Verteidigungseinheiten.

Das Volk von Rojava, wie die Region genannt wurde, wollte vor allem in Frieden mit seinen Nachbar*innen leben, wie feindselig diese sich auch immer gezeigt haben mögen. Und sie hofften, dass die internationale Gemeinschaft ihre Errungenschaften anerkennen und ihre lobenswerten Ziele unterstützen würde.

Doch schon bald nach der Gründung von Rojava drangen dschihadistische Kräfte in das Land ein und 2014 entstand im Irak der Islamische Staat (ISIS)[1], der große Teile Syriens einnahm. Wo immer er die Macht ergriff, verhängte er einen theokratischen Scharia-Islam, der nicht nur die Demokratie abschaffte, sondern eine hyperautoritäre Herrschaft errichtete; der nicht nur die patriarchale Herrschaft wiederherstellte, sondern Femizid beging; und der nicht nur ethnischen und religiösen Hass schürte, sondern einen unerbittlich gewalttätigen religiösen Extremismus verfolgte, unter dem alle Andersdenkenden ermordet wurden. Diejenigen, die hätten zurückschlagen können, flohen in Angst Die ISIS-Aggression wurde von der

1 Ab 2014 umbenannt in »IS« (Islamischer Staat). Im Buch kommt außerdem der Begriff »Daesh« vor. »Daesh« ist die arabische Bezeichnung für den IS und ist die Abkürzung von »Der Islamische Staat im Irak und Syrien/in der Levante«. (Anmerkung der Übersetzerin)

Türkei ermöglicht, deren Machthaber der kurdischen Autonomie überall feindlich gegenüberstanden, insbesondere an ihrer Südgrenze.

Das neue Gemeinwesen von Rojava hatte Selbstverteidigungseinheiten des Volkes, die YPG und die YPJ[2], gegründet, die nicht vor dem Terror flohen — sie weigerten sich, eine weitere Tyrannei zu erleiden. Als die mehrheitlich kurdische Stadt Kobanê angriff und überrannte, schlugen sie zurück, und ihr tapferer Widerstand veranlasste mehrere Länder, angeführt von den USA, eine internationale Koalition zu bilden, die sie militärisch unterstützen sollte. Die Kämpfe der YPG und der YPJ am Boden, unterstützt durch die koordinierten Luftangriffe der Koalition, befreiten ein Dorf nach dem anderen und besiegten im März 2019 schließlich den IS in Syrien. Insgesamt opferten die kurdisch-arabisch-assyrischen Kräfte 11.000 Kämpfer*innen, um ihre neue Gesellschaft zu verteidigen.

Ungefähr zu dieser Zeit luden mich zwei im Vereinigten Königreich ansässige Filmemacher ein, einen Monat lang mit ihnen durch Rojava (jetzt umbenannt in Autonome Administration von Nord- und Ostsyrien) zu reisen, um einen Film über die revolutionäre Gesellschaft zu drehen. Ich ergriff die Chance und wollte vor allem herausfinden, wie sich der Krieg auf die Gesellschaft ausgewirkt hatte. (Ich hatte die Region bereits zweimal besucht, 2014 und 2015.) Ich fragte mich, ob Rojava einige seiner Ideale hatte aufgeben müssen, oder ob der Stress des Krieges die interethnischen Spannungen verschärft hatte. Und als was für Kämpferinnen hatten die Frauen sich erwiesen?

Anfang April 2019 holten mich Ross Domoney und Danny Mitchell am Flughafen von Hewlêr (dt. Erbil)ab und wir zogen einen Monat lang mit Kameras und Mikrofonen durch den Nordosten, begleitet von zwei Fixern, also journalistischen Vermittlern-Fahrern-Übersetzern, die das alles ermöglichten. Überall wurden wir herzlich empfangen, und die Bürger*innen teilten bereitwillig ihre Gedanken mit uns. Diese Erfahrung war so eindrucksvoll und außergewöhnlich, dass ich wusste, dass ich sie, auch über den Film hinaus, mit anderen teilen musste. Und so habe ich diese grafischen Memoiren gezeichnet.

Auf den folgenden Seiten findet ihr die Worte von kurdischen, arabischen und assyrischen Menschen in Sprechblasen auf Englisch. Tatsächlich sprachen nur wenige von ihnen Englisch. Ihre Worte wurden von Ossama Muhammad und Hesen Elî übersetzt, unseren immer anwesenden, unverzichtbaren Übersetzern. Eigentlich müssten diese beiden Männer in nahezu jedem Panel erscheinen, aber ausschließlich aus Gründen der gestalterischen Sparsamkeit habe ich sie meistens weggelassen. Während der Interviews machte ich mir Notizen zum Wortlaut ihrer Übersetzungen, die ich für dieses Buch der Klarheit und Prägnanz halber leicht bearbeitet habe.

Ich hoffe, dass dieses Buch euch, den Leser*innen, einen wenn auch nur kleinen Vorgeschmack auf die Hoffnung und Inspiration gibt, die diese revolutionäre Gesellschaft in mir geweckt hat.

2 Yekîneyên Parastina Gel (dt. Volksverteidigungseinheiten) und Yekîneyên Parastina Jin (dt. Frauenverteidigungseinheiten) (Anm. d. Übers.)

# 1. Der Islamische Staat

Sie zerstörten die schiitische Moschee von Raqqa.
Sie wandelten eine antike armenische katholische Kirche ...
... in ein Hauptquartier der IS-Religionspolizei um.
Christ*innen machten zuvor 10 Prozent der Bevölkerung Raqqas aus. Die, die konnten, flohen nun.
Frauen mussten in der Öffentlichkeit einen Niqab tragen und durften nur noch Mütter und Hausfrauen sein.

Der IS nahm solche »Ungläubigen« und alle, die sich seiner Herrschaft widersetzten, gefangen und richtete sie hin.
Die Dschihadisten mordeten mit Freude, wie berauscht von ihrer eigenen Grausamkeit.
Sie präsentierten enthauptete Köpfe am äußeren Zaun des Naim-Kreisverkehrs. Sogar gekreuzigt haben sie dort Menschen.
Werden wir morgen noch leben?
Ich habe sogar Angst, einen Fuß nach draußen zu setzen!
Sie stellten grauenhafte Videos ins Internet, die die ganze Welt anschauen sollte.
Ohmeingott!

# Das Kalifat

Am 29. Juni 2014 änderte ISIS seinen Namen in »Islamischer Staat« und verkündete die Errichtung eines weltweiten Kalifats, eines salafistischen Staates unter dem Gesetz der Scharia.
Ich fordere die Gefolgschaft aller Moslems.
Abu Bakr al-Baghdadi ernannte sich selbst zum Kalifen und erklärte Raqqa zur Hauptstadt.

Der IS erhoffte sich, zumindest eine regionale Vorherrschaft zu erlangen.
Wer wird sie bekämpfen?
Ich nicht!
Macht ihr Witze?
Ganz bestimmt nicht!
Niemals!
Ich mag meinen Kopf da, wo er ist!

Was ist mit der irakischen Armee?
Seit 2003 haben die Amerikaner 25 Mrd. US-Dollar für Aufbau, Ausbildung und Bewaffnung dieser Streitkräfte ausgegeben und sie mit gepanzerten Fahrzeugen und fortschrittlichen Waffen überhäuft.

Am 10. Juni griff der IS Mosul an, die zweitgrößte Stadt im Irak.
Die irakische Armee ließ ihre Waffen fallen und floh in Panik.
Seht! Sie haben Panzerfahrzeuge zurückgelassen!
Danke, Uncle Sam!
Der IS, scheinbar unaufhaltsam, zog weiter durch den Irak und Syrien und eroberte ein Gebiet nach dem anderen.

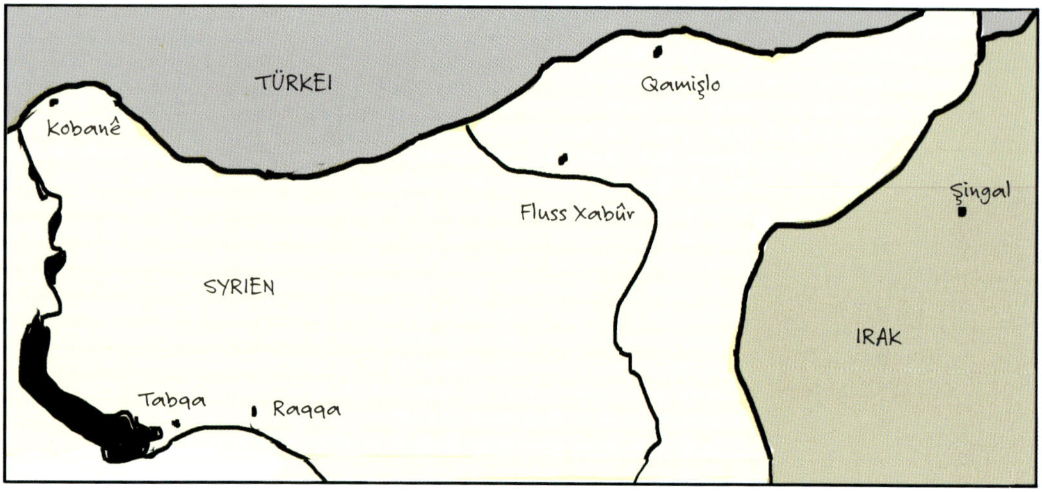
TÜRKEI
Kobanê
Qamişlo
Fluss Xabûr
Şingal
SYRIEN
IRAK
Tabqa
Raqqa

Tabqa, eine andere Stadt am Euphrat, hatte 70.000 Einwohner*innen: Sunnitische und schiitische Araber*innen, Kurd*innen, Armenier*innen, Assyrer*innen und andere.

Es gab keine Miliz, die sie verteidigen konnte, weshalb Tabqa das gleiche Schicksal ereilte wie Raqqa.

# Êzîd*innen

Dem Êzîdentum zufolge schuf ein einziger Gott die Erde und überließ sie und ihre Bewohner*innen der Obhut von Tausî Melek, dem Engel Pfau.

Der IS ermordete 5.000 êzîdische Zivilist*innen. Sie entführten zwischen 5.000 und 7.000 Frauen und Kinder, die als Sexsklavinnen ausgebeutet werden sollten.
Sie begingen grausamste systematische Vergewaltigungen.
Der Koran sagt, dass es gestattet ist, nicht-muslimische Frauen und Mädchen gefangen zu nehmen und sie zu vergewaltigen.
Vierzigtausend Êzîd*innen flohen ins nahe gelegene Şingal-Gebirge. Dort brachten sie sich in Sicherheit, waren jedoch ohne Wasser der Sommerhitze ausgesetzt.
Schließlich wurden sie von einer kurdischen Einheit gerettet.
Kommt, wir bringen euch nach Nordostsyrien. Dort werdet ihr sicher sein.
Hat Tausî Melek euch geschickt?
Nein, wir sind die PKK.

# Assyrische Dörfer

Konvertiert sofort zum Islam, sonst ...!
NEIN!
Können wir sie jetzt erledigen? Können wir?
Nein, warte. Lasst sie uns als Geiseln nehmen.
Bezahlt uns jeweils 50.000 Dollar und wir lassen euch gehen.
Die assyrische Community im Ausland spendete, um das Lösegeld zusammenzukriegen.
Es ist nicht genug!
Im September 2015 veröffentlichte der IS ein Video, das zeigte, wie drei der Xabûr-Geiseln hingerichtet werden.
Das wird ihre Geldbeutel öffnen.
Assyrer*innen im Ausland schickten noch mehr Geld.
Eine gute Finanzierungsmethode.
Okay, lasst diese Kafirs laufen.
Heute leben fast keine Assyrer*innen mehr im Xabûr-Tal.

# Jada Kebira

15. September 2014: IS-Banden rückten in den westlichen Kanton Kobanê nahe des Flusses Euphrat vor. Sie nahmen über 100 arabische Dörfer ein, darunter auch das kleine Jada Kebira.
TÜRKEI
Kobanê
Jada Kebira
Cerablus
SYRIEN
Minbic
25 km
Im Frühling 2019 bin ich in Jada und spreche mit drei arabischen Dorfbewohnern über den IS.
Mit mir sind zwei Filmemacher, Danny und Ross, sowie unser Übersetzer Hesen.
Warum hat der IS euch angegriffen? Ihr seid Sunniten, keine »Ungläubigen«.
Wir vertreten einen anderen Islam als sie.
Daesh kam von außerhalb und zwang uns, ihren Islam anzunehmen.

Mit ihnen konnten wir nicht einmal über Religion sprechen oder darüber, was sie verlangt.
Bei ihnen ging es um eine pervertierte Art von Religion.
Wie war das Leben unter Daesh?
Ganz anders als jetzt.
Wir haben sehr gelitten. Sogar das Rauchen hatten sie verboten.
Einmal war ich draußen auf der Terrasse und rauchte eine Zigarette. Dann sah ich einen IS-Typen hier hochfahren.
Ich habe mal einen Teenager rauchen sehen. Daesh erwischte ihn und sie brachen ihm die Finger.
Ich warf sie sofort weg und spülte meinen Mund aus!

Sie enthaupteten meinen Bruder und gaben uns drei Tage lang seine Leiche nicht.
Mich nahmen sie gefangen und schlugen mich mit einem Knüppel.
Frauen mussten einen Niqab tragen.
Wir konnten nichts unternehmen, weil Daesh uns den Kopf abschlagen würde.
Niemand sollte vorschreiben, welche Kleidung meine Frau tragen soll!
Wenn du auch nur einen Fehler gemacht hast, konntest du deinen Kopf verlieren. Das schlimmste war, dass wir Angst hatten …
… mit unseren Familien nach draußen zu gehen, da sie einen Fehler machen könnten und wir dann alle getötet werden würden.
Unter dem IS wurden wir dazu gebracht, unsere eigenen Familien zu fürchten und zu hassen. Sie besaßen keine Menschlichkeit.

# Kurd*innen

Die kurdische Kultur ist aus historischen Gründen zweckmäßig säkular.
Die meisten von uns Kurd*innen sind sunnitisch, aber wir ziehen es vor, unsere religiösen Ansichten für uns zu behalten.
Şêro Hindê, Ko-Vorsitzender, Filmkommune von Rojava
Aber dem IS zufolge ...
Kurd*innen sind offensichtlich Ungläubige! Sie sind als Nächstes dran!
2019, als ich in Kobanê war, traf ich Khodar Muhammad, einen kurdischen Mann.
Der IS hat mein Haus im Dorf Menaz überfallen.
Sie schossen mir zweimal in den Oberschenkel — Ich zeige dir die Narbe. Sie nahmen mich fest und wollten mir den Kopf abschneiden!
Du bist Kurde, also bist du kein Moslem!
Betest du zu Allah und gehst in die Moschee?
Ich bin Kurde und ich bin Moslem!
Ja!
Bah, dieser Typ spricht ein lausiges Arabisch –
er kann kein Moslem sein!
Khodar war vier Monate lang gefangen und schaffte es schließlich, zu fliehen.

# Kobanê

60 Jahre lang hatte das diktatorische Baath-Regime die kurdische Sprache verboten. Arabisch war die einzige Sprache im öffentlichen Diskurs.
Wenn du ein kurdisches Buch in deinem Haus hattest, konntest du verhaftet werden.
Ednan Hesen, Bewohner von Kobanê
Im Jahr 2011 erhoben sich viele Syrer*innen gegen Assads Diktatur. Um die Aufständischen im Süden zu bekämpfen, zog das Regime 2012 seine Kräfte aus Nordsyrien zurück.* In der Folge konntenKurd*innen in Syrien ihre Muttersprache in der Öffentlichkeit sprechen.
AZADI!
*Aus Gründen, von denen wir später erfahren werden.
Kobanê, eine überwiegend kurdische Stadt an der syrisch-türkischen Grenze.
In Kobanê freuten sich Kurd*innen über ihre neu erlangte Freiheit, Kurdisch sprechen zu können. Ednan Hesen und seine Schwester Şîrîn beschlossen, Kurdischlehrer*innen zu werden. Sie studierten gemeinsam mit der charismatischen Viyan Amara.
Ez hem şervan hem jî mamoste me.
Ich bin sowohl Kämpferin als auch Lehrerin.

Schon bald lehrte Ednan am kurdischen Sprachinstitut von Kobanê.
Ev Şoreşa zimane
(It's a language revolution)
Am 26. Juli 2013 griffen Dschihadisten nahe Kobanê an.
Viyan Amara, die Sprachlehrerin, schloss sich dem Kampf an.
Dabei wurde sie getötet.
Şirins Vater, bei der Beerdigung ...
Meine liebe Tochter Şirin, du kannst in Viyans Fußstapfen treten.
Nimm meine Waffe an dich. Werde eine Kämpferin.
Am 11. November explodierte in Kobanê eine Autobombe der Dschihadisten und tötete den Vater, Osman Hesen.
Heyva Sor a Kurd

* Abkürzung für »Rutschnoi Protiwotankowy Granatomjot«, eine Panzerabwehrwaffe (Anm. d. Übers.)

In Angst und Schrecken versetzt, flohen Tausende Einwohner*innen Kobanês nach Norden in die kurdischen Regionen der Türkei.
Passt auf euch auf!
Ednan und Şirin sorgten dafür, dass ihre Mutter abreisen konnte.

Der IS war mit schweren Waffen und Panzern auf dem Vormarsch in Richtung Kobanê und nahm auf dem Weg einige Dörfer ein.
Der kurdische Widerstand hatte nur leichtere Waffen zur Verfügung.

Am 20. September näherte sich der IS Kobanê.
Şirin, die jetzt eine Kommandantin an der Front war, war bei Siftak 10 km westlich der Stadt stationiert.

30. September: Şirîn und viele weitere YPJ-Kämpferinnen werden bei der Verteidigung eines Hügels durch eine Panzergranate getötet.
Ich versuchte, den Leichnam meiner Schwester zurückzuholen, durfte die Region aber nicht betreten.
Ich war tief erschüttert von ihrem Tod und musste Kobanê verlassen. Also ging ich zu meiner Mutter in die Geflüchtetenlager. Letztendlich half ich dort Geflüchteten.
Bêrîvan Hesen, die Schwester von Şirîn und Ednan
Şirîns Märtyrertod war herzzerreißend für meine Familie.
Aber wir sind auch stolz auf ihre Hingabe und auf alle Freund*innen, die in der Verteidigung Kobanês gefallen sind.
YPJ
In den YPG und YPJ begegnete der IS schließlich einer Kraft, die nicht davor zurückschreckte, sich zu verteidigen.
Was? Jemand hat keine Angst vor uns?

Der IS belagerte Kobanê, unterstützt von der nördlich gelegenen Türkei.
Die Türkei ließ IS-Kämpfer über die Grenze nach Kobanê und unterstütze sie.
Ossama, einer unserer Fixer
Äh, Erdoğan? Könntest du einen Krankenwagen schicken?
Äh, Erdoğan? Wir brauchen hier mehr Munition!
IS
Es ist wie ein Tor in den Dschihad!
Türkisch-syrische Grenze
Hereinspaziert! Schließt euch dem Dschihad gegen die ungläubigen Kurd*innen in Kobanê an!

In der Zwischenzeit entstand eine internationale Koalition, um den IS zu bekämpfen. Am 27. September begannen US-Flieger das Gebiet um Kobanê zu bombardieren.

Operations-zentrale? Ich melde eine IS-Stellung.
Okay, ich habe die Koordinaten.

Die Straßengefechte inmitten der zerbombten Gebäude waren intensiv. Irgendwann kontrollierte der IS 50 Prozent der Stadt.

Die Anti-IS-Kräfte verdrängten den IS aus Kobanê, ein Viertel nach dem anderen.

Am 26. Januar 2015 zog sich der IS aus Kobanê zurück.
Der Kampf in Kobanê war der Wendepunkt im Krieg gegen den IS.
Zum ersten Mal wurde der IS besiegt.

# Befreiungen

Du kannst dir niemals vorstellen, was wir durchgemacht haben.
Das stimmt, aber ich respektiere es.
Jetzt wo Daesh weg ist, können wir tun, was wir wollen.
Und Frauen stehen uns Schulter an Schulter zur Seite.
Vorher lebten Frauen wie Sklavinnen. Jetzt gehen wir zu ihnen, um ihre Erlaubnis einzuholen.
Unsere Nachbarin Rihab sagt, dass Frauen die Hälfte der Gesellschaft ausmachen. Nein, sie sind die gesamte Gesellschaft!
Bist du froh darüber?
Ja! Und keine zweiten Ehefrauen mehr!!
Jada Kebira ist jetzt Teil der Selbstverwaltung im Kanton Kobanê.
Und, wie geht es dir mit der Selbstverwaltung?
Wir leben in unseren Häusern, es gibt Diesel und Demokratie. Es ist viel besser als zuvor.

Am 10. Oktober 2015 schlossen sich die Anti-IS-Kräfte zu den Demokratischen Kräften Syriens (SDF) zusammen, um den Rest von Nordostsyrien zu befreien. Die überwiegend kurdischen YPG und YPJ waren die tragenden Säulen der SDF. Sehr bald schlossen die SDF jedoch auch viele arabische und assyrische, sowie armenische, turkmenische und tschetschenische Kämpfer*innen mit ein. Die SDF koordinierten sich mit der von den USA geführten Koalition, die ihrerseits etwa 2.000 Spezialkräfte sowie Luftstreitkräfte und Artillerie einsetzte.
قوات سوريا الديمقراطية
Hêzên Sûriya Demokratîk
Sie befreiten zahlreiche Menschen von der Brutalität und den Verbrechen des IS.
Ende 2015 befreiten sie al-Hol und den Tischrin-Damm, und 2016 asch-Schaddadi und Minbic.

SDF-Kämpfer*innen an der Front sendeten Zielinformationen über den IS an die Operationszentrale der Koalition.
In den Jahren 2017-18 arbeitete Hesen in der Operationszentrale. Er identifizierte die Koordinaten eines Ziels und übermittelte diese an die Amerikaner.
Im April 2019 war er einer unserer zwei Fixer.
Mit seiner Detailgenauigkeit und seiner Liebe zu Karten muss er sehr gut in diesem Job gewesen sein.
Als nächstes können wir hierhin gehen.
Hesen, wie präzise waren die US-Luftangriffe?
Erstmal nicht so gut, während des Kampfes um Kobanê. Die Zielausrichtung und die Koordinaten waren ungenau.
Später wurden sie viel besser.

Am 10. Mai 2017 erklärten die SDF die Befreiung von Tabqa.
Fünf Tage danach wurde der Bürgerrat von Tabqa gegründet ...
... auf der Grundlage von Demokratie und Gleichheit.
Heute ist das befreite Tabqa Teil von Nord- und Ostsyrien.
Am 17. Oktober 2017 erklärten die SDF die Befreiung von Raqqa, einst Hauptsitz des IS-Kalifats.
Der Bürgerrat von Raqqa wurde auf der Grundlage von Demokratie und Gleichheit gegründet.
Heute ist auch das befreite Raqqa Teil der Selbstverwaltung von Nord- und Ostsyrien.

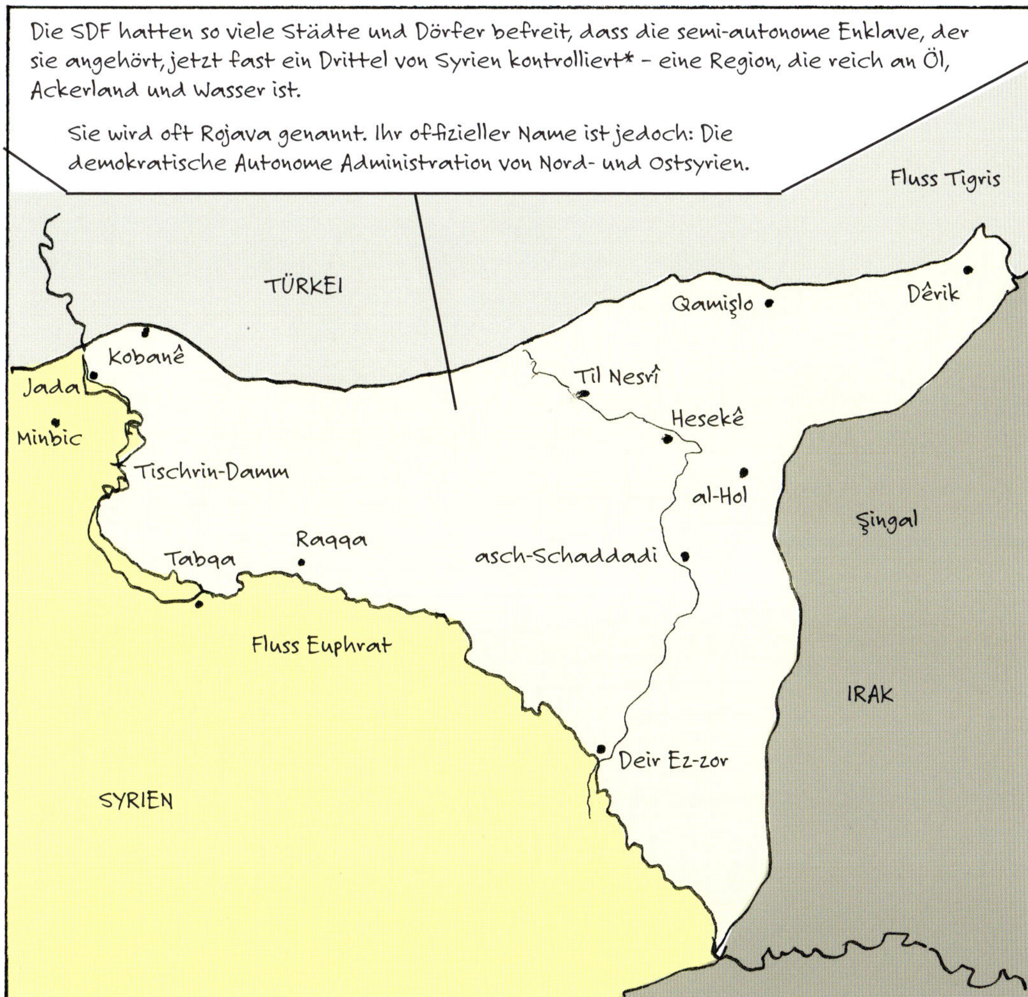


* Seit den türkischen Invasionen 2018 und 2019 ist das Gebiet der Selbstverwaltung deutlich kleiner. Eine aktuelle Übersicht gibt es auf der Webseite syria.liveuamap.com (Anm. d. Übers.)

Etwa 11.000 Kurd*innen, Araber*innen und Christ*innen kamen im Kampf gegen den IS ums Leben.
Die SDF sprechen von einem Sieg im Namen der Menschheit. Das war keine Übertreibung.
Hêzên Sûriya
Seit dem Sommer 2014 hatte der IS mindestens 150 Angriffe in 29 Ländern auf der ganzen Welt verübt oder zu solchen angeregt. Dabei kamen weit über 2000 Menschen ums Leben.
BATACLAN

Die neue Gesellschaft, für die die SDF kämpften und ihr Leben gaben, ist ein Hauch von Freiheit in der langen, leidvollen Geschichte der Kurd*innen im Nahen Osten.

Heute lernen Kurd*innen in Rojava Kurdisch in den Schulen, lesen kurdische Bücher und schauen kurdisches Fernsehen. Sie feiern offen kurdische Feste, begleitet von traditioneller Musik und Tänzen.

Aber sie wissen auch, dass sie eines Tages sehr wahrscheinlich wieder dafür kämpfen und sterben müssen.

# II. Warum ich hier bin

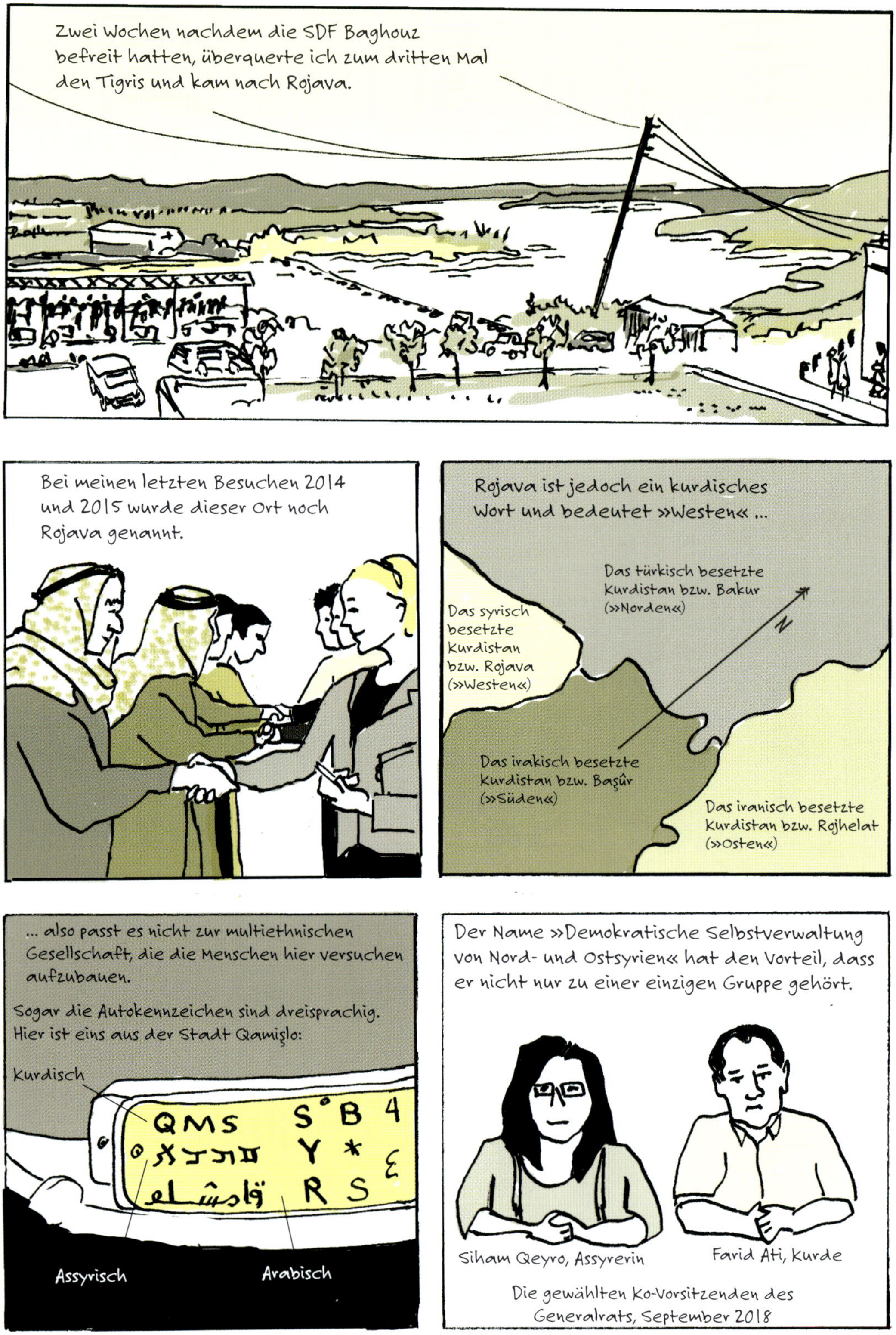

Bei meinen beiden letzten Besuchen war ich Teil von Delegationen, deren Aufgabe es war zu beobachten, Zeuge zu sein und zu berichten.
Ich wurde eingeladen, da ich zwei Jahrzehnte lang die Gefährtin und Mitstreiterin des verstorbenen Murray Bookchin war ...
Italien, 1988
... einem amerikanischen Sozialtheoretiker, dessen Ideen die Revolution beeinflusst haben, die hier 2012 begann.
Burlington, Vermont, 1992
Meine früheren Delegationen hatten sich mit den Anführer*innen der Revolution von 2012 getroffen ...
... darunter auch die Leiter*innen der revolutionären Organisation TEV-DEM. Es war ein großes Privileg, sie zu treffen.
Mizgin Ahmed
Aldar Xelil
Ich bedauerte jedoch, dass ich nicht in der Lage war, mit normalen Bürger*innen über die Revolution zu sprechen, da ich kein Kurdisch oder Arabisch spreche.

Jetzt, im April 2019, bin ich hier, weil zwei in London ansässige Filmemacher mich eingeladen haben. Ich skypte mit ihnen in meiner Wohnung in Burlington, Vermont.
Wir möchten einen Film in Rojava drehen.
Wir würden dich gerne dort filmen, während du nach den Spuren von Murray Bookchins Ideen suchst.
Das klingt großartig.
Ich möchte herausfinden, wie die Revolution sich seit meinem letzten Besuch vor vier Jahren entwickelt hat.
Das möchten wir auch.

Wir werden einen Übersetzer, einen Fixer und einen Fahrer haben.
Ich weiß nicht, wie das für dich wäre, aber ...
... wir würden gerne abseits der ausgetretenen Pfade gehen. Wir möchten, dass du »Vox pops« machst – geh auf Menschen auf der Straße zu und frag sie, was sie denken.
Skype
Was meinst du?
Das möchte ich schon seit vier Jahren tun.
Einige Wochen später trafen wir uns am Flughafen in Hewlêr, Südkurdistan bzw. Irak. Ein Fahrer holte uns ab und brachte uns zum Grenzübergang an der syrischen Grenze.

# III. Glieder in einer Kette

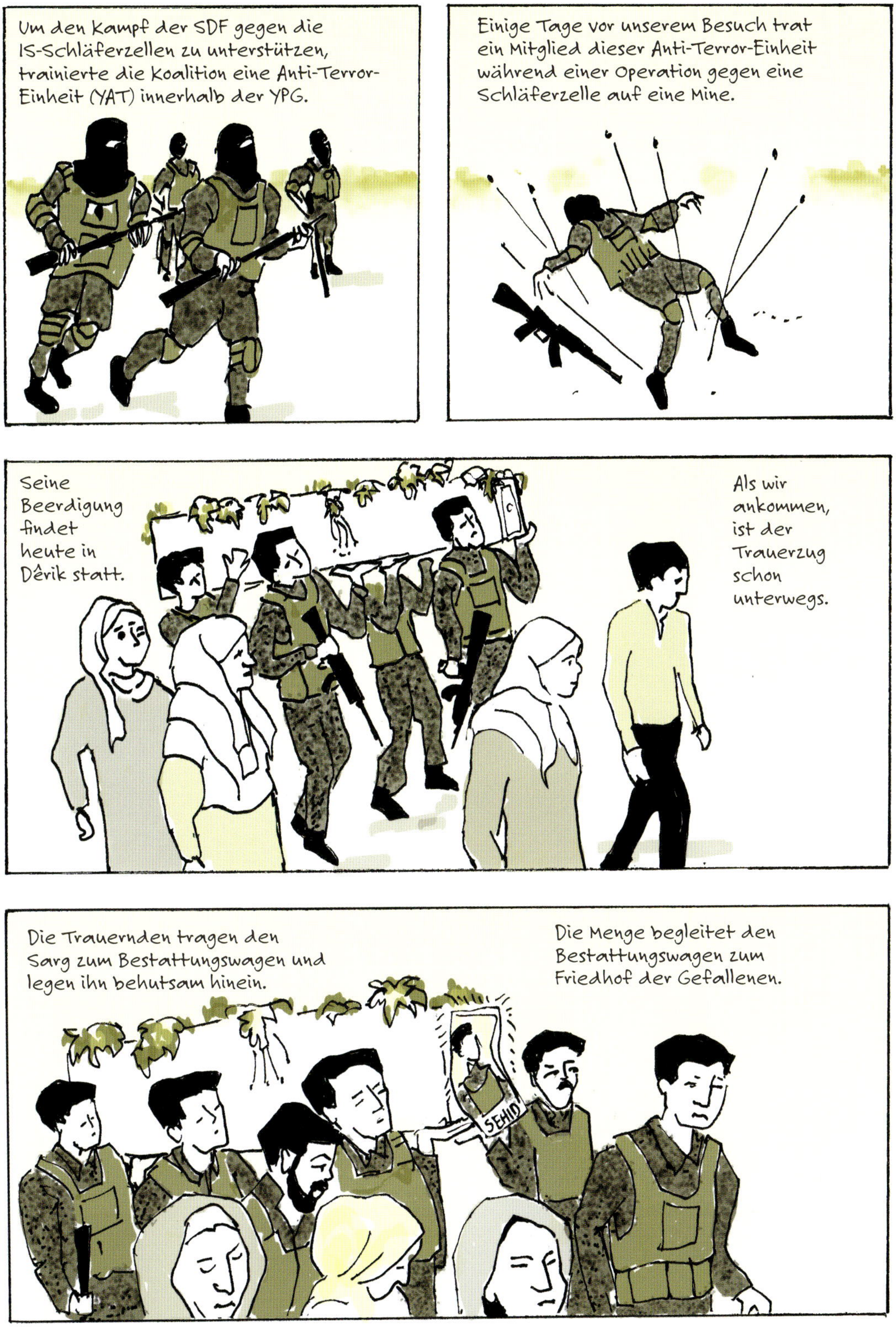
Um den Kampf der SDF gegen die IS-Schläferzellen zu unterstützen, trainierte die Koalition eine Anti-Terror-Einheit (YAT) innerhalb der YPG.
Einige Tage vor unserem Besuch trat ein Mitglied dieser Anti-Terror-Einheit während einer Operation gegen eine Schläferzelle auf eine Mine.
Seine Beerdigung findet heute in Dêrik statt.
Als wir ankommen, ist der Trauerzug schon unterwegs.
Die Trauernden tragen den Sarg zum Bestattungswagen und legen ihn behutsam hinein.
Die Menge begleitet den Bestattungswagen zum Friedhof der Gefallenen.

Ein Kommandant hält die Trauerrede.
Şehîd namirin!
Die Gefallenen sind unsterblich!

Kanntest du den Märtyrer? Wie war er so?
Also ...
Meine Tochter kannte ihn aus der Schule.
Er war mein Cousin, aber ich kannte ihn nicht so gut.

Ich realisiere, dass die Beerdigung eines Gefallenen nicht nur eine Familiensache ist. Sie drückt nicht nur die Trauer einer Familie, sondern auch die der Gemeinschaft aus.
Es ist ebenso sehr eine gemeinschaftliche wie eine persönliche Angelegenheit.

Auf dem Friedhof der Gefallenen sind die Grabsteine einheitlich in Größe und Form. Die Tafeln, ebenfalls einheitlich, enthalten die Namen der Gefallenen, ohne Angabe des Ranges.
Kurd*innen, Araber*innen und Christ*innen wurden nebeneinander begraben.

Hawar Dêrikê ist Generalkommandant der YPG in Dêrik.
Kommandant, was ist die Bedeutung des Märtyrertods?
Es begann vor langer Zeit mit religiösen Märtyrern. Für uns ist das Märtyrertum heilig.
Wenn du dich der YPG anschließt, ist das der erste Schritt in deinem Märtyrertum.
Kanntest du den Gefallenen?
Nicht persönlich, aber das ist nicht der Punkt.
Wir sind alle Glieder in einer Kette, alle gleich, alle verbunden.

Es ist eine kollektive Gesellschaft.

Natürlich hat jede Person ihre eigene Persönlichkeit und ihre eigene Familie.
Hêzên Sûriya

Aber auf der kommunalen Ebene scheint ihr Prinzip zu sein: Alle für einen und einer für alle.

Damals in den 1990er Jahren, als Murray Bookchin noch am Leben war und er und ich zusammenarbeiteten, schrieb und lehrte er voller Bewunderung über »organische« Gesellschaften, die auf gemeinschaftlicher Fürsorge beruhten.
Jahrtausendelang waren die menschlichen Gemeinschaften an der Basis der Gesellschaft ethische Vereinigungen zur gegenseitigen Unterstützung. Jetzt hat der Kapitalismus die Gesellschaft um Wettbewerb und Manipulation herum organisiert, und wir sollen alle »freie Individualist*innen« sein. In Wirklichkeit sind wir soziale Wesen, die auf gemeinschaftliche Unterstützung und Solidarität angewiesen sind, um einander das Leben zu erleichtern. Unsere Individualität hängt paradoxerweise von der Gemeinschaft ab. Gemeinschaft ist die unverzichtbare Grundlage für gesellschaftliches Leben, für Charakterbildung, für Ethik, für Freiheit.
Da ich mein ganzes Leben lang in den USA gelebt habe, verstand ich das Konzept auf intellektuelle und abstrakte Weise.
Aber ich hatte nie wirklich eine Ahnung davon, bis ich die kurdische soziale Solidarität aus erster Hand erlebte.
Er hätte es hier geliebt.

# IS-Gefangenenlager

Man könnte meinen, dass die internationale Gemeinschaft, die noch vor kurzem große Angst vor dem IS hatte, nun die SDF für die Zerschlagung dieser Plage loben würde. Man könnte meinen, sie würde humanitäre Hilfe für Rojava leisten. Oder dass sie das einzig Richtige täte, nämlich Nord- und Ostsyrien anerkennen und das Wirtschaftsembargo beenden, das Rojava vom internationalen Handel ausschließt.

Aber sie tut nichts von alledem. Stattdessen verschärft sie ein grundlegendes Problem.

Während des Krieges haben die SDF Zehntausende IS-Leute gefangen genommen, viele von ihnen ausländisch. Heute hält sie 5.000 ausländische IS-Kämpfer und ihre 70.000 Familienangehörigen in Gefangenenlagern fest und versorgt sie so gut es geht mit Unterkunft, Nahrung und Medikamenten.

Es fehlen die Mittel, um alle Bedürfnisse dieser riesigen Bevölkerung zu decken.

Alternativ sollte die internationale Gemeinschaft hier ein Tribunal abhalten.
Diese Gefangenen haben während des Kriegs Verbrechen gegen die Menschlichkeit begangen und sollten zur Rechenschaft gezogen werden.
Wir haben diese Vorschläge vorgebracht und warten auf eine Rückmeldung.
Bisher hat die internationale Gemeinschaft das Problem ignoriert. Währenddessen versuchen YPJ-Kämpfer*innen Frauen in den Familiencamps psychologisch zu helfen.

Sie bieten den Ehefrauen ihrer Feinde eine Art Gruppentherapie an und helfen ihnen, ihre Geschichten zu erzählen.
Wovon hast du letzte Nacht geträumt?
Wie bist du in Syrien gelandet?
Sie helfen ihnen, ihre Taten aufzuarbeiten und ihre Traumata zu verarbeiten.
Warum bist du mit diesem Dschihadisten mitgegangen?
Welche Schwierigkeiten hattest du zu Hause?
Sie versuchen, den Rachekreislauf zu durchbrechen, mit einer überwältigenden Herzensgüte und erstaunlichem Willen.
Manchmal umarmen sich die Frauen der YPJ und des IS nach einer Sitzung.
Lara, eine katalanische Filmemacherin, die die Sitzungen filmt
Das ist Teil des „Mentalitätswandels", ein Ausdruck, den ich hier immer wieder höre.

# Çareşma sor – Roter Mittwoch

# IV. Ein Ort der Geflüchteten

# Türkischer Nationalismus

Nach dem Krieg brach das Osmanische Reich zusammen. Der letzte Sultan trat ab.
Nach 600 Jahren!
Die siegreichen Großbritannien und Frankreich teilten Osmanische Gebiete auf und schufen Nachfolgestaaten.
Hm, wo sollen wir die Grenze ziehen?
Hier, benutz ein Lineal — so wird die Linie zumindest gerade!
Zwei dieser Staaten wurden 1924 zu einem Staat Syrien unter französischem Protektorat zusammengeführt.
Assyrer*innen und Armenier*innen, die die Genozide überlebten, flohen in den Süden nach Syrien, außerhalb des osmanischen Einflussgebiets. Sie ließen sich in Cizîr und Kobanê nieder.
Wir haben es geschafft!
Frankreich, das Syrien unter einem »Mandat« besetzte, begrüßte und ermutigte sie.
1933 kamen noch mehr Assyrer*innen an, diesmal auf der Flucht vor Verfolgung im Irak. Es waren jene, die sich am Fluss Xabûr niederließen.
Vielleicht finden wir hier Frieden.

Bei der Aufteilung des Nahen Ostens sahen die alliierten Staaten im Vertrag von Sèvres zunächst einen kurdischen Staat vor.
Es macht nur Sinn!
Es gibt Millionen von Kurd*innen in der Region!
Wir haben eine eigene Sprache und Kultur!

Der türkische Unabhängigkeitskrieg führte zur Gründung der Republik Türkei, die im Vertrag von Lausanne 1923 anerkannt wurde.
Der Vertrag sah keinen kurdischen Staat vor. Und so mussten Kurd*innen als Minderheiten in der Türkei, im Irak, in Syrien und im Iran leben.

Die meisten Kurd*innen lebten im Südosten der Türkei. Die von Nationalismus durchdrungene türkische Republik weigerte sich jedoch, ethnische Minderheiten überhaupt anzuerkennen.
Wir werden keinen kurdischen Staat im Nahen Osten dulden.
Wir werden keine kurdische Identität in der Türkei dulden.
In der Türkei wird es nur Türken geben, Punkt. Und wir werden verdammt noch mal alle froh damit sein!

Kurd*innen rebellierten mehrere Male, aber der türkische Staat schlug die Aufstände nieder. Diese in der türkischen Presse veröffentlichten Karikaturen spiegeln die grausame Zerschlagung des Şêx-Saîd-Aufstandes im März/April 1925 wider.

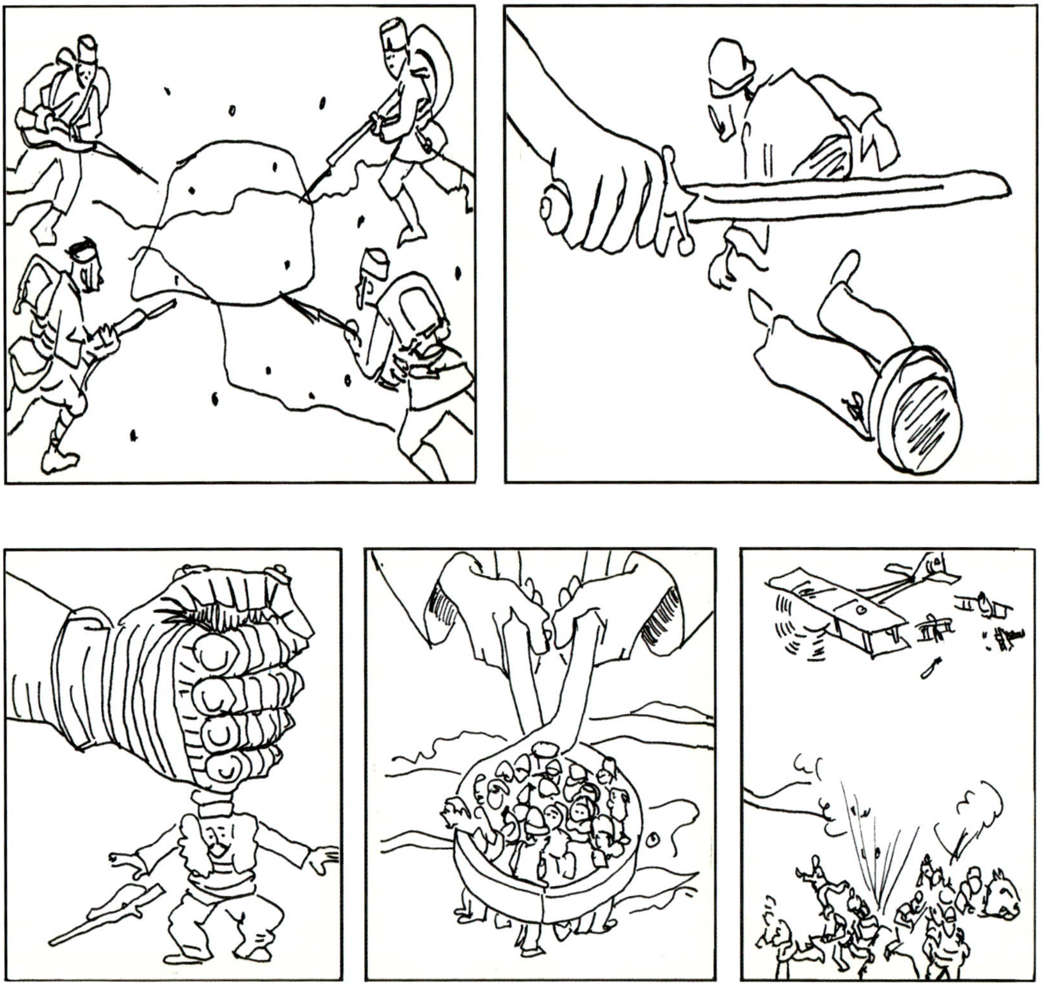

Die kurdischen Einwanderer*innen waren überwiegend in der Landwirtschaft und Schäferei tätig.
Im Jahr 1939 hatten sie um die 700 oder 800 landwirtschaftliche Dörfer errichtet.
Seit jeher hatten Kurd*innen Afrîn im Nordwesten Syriens bewohnt, das seit dem Altertum für seine Olivenhaine bekannt ist.
In einem französischen Bericht wurde 1937 die Bevölkerung von Cizîr mit 82.000 Kurd*innen, 42.000 Araber*innen und 32.000 Christ*innen angegeben. Man könnte fast sagen, dass Cizîr ein Land der Geflüchteten war.

# Arabischer Nationalismus

Im März 1963 kam die Baath-Partei an die Macht. Schon bald versuchte sie, arabische Ressentiments gegenüber Kurd*innen anzuheizen und Araber*innen davon zu überzeugen, Kurd*innen als Besatzer*innen, illegale Einwanderer*innen oder Separatist*innen zu betrachten.
Kurd*innen sind ein bösartiger Tumor im Körper der arabischen Nation. Wir müssen sie ausmerzen.
Leutnant Muhammad Talab Hilal, Leiter der Inneren Sicherheit von Hesekê.
Im Jahr 1973 errichtete das Baath-Regime einen 10 bis 15 km breiten »arabischen Gürtel« entlang der türkischen Grenze. Innerhalb dieses Streifens wurden Kurd*innen vertrieben und Araber*innen aus dem Euphrat-Tal angesiedelt.
Ich bekomme keine Arbeit. Meine Kinder können ab einer bestimmten Klasse nicht mehr die Schule besuchen.
Zehntausenden wurde die syrische Staatsbürgerschaft aberkannt.
Ich brauche einen Pass, damit ich woanders hinreisen kann.
Du bekommst keinen Pass – du bist kein Staatsbürger.

Das Baath-Regime beschlagnahmte sowohl assyrischen als auch kurdischen Besitz.
Nicht schießen! Ich gehe schon!

In der Verfassung von 1973 wurde der arabische Nationalismus fest verankert. Sie definierte den syrischen Staat und das syrische Volk als arabisch.
Was werden wir tun?
Moschee
Arabische Schulen
Arbeit für Araber*innen
Arabische Bibliothek
Arabische Restaurants
Arabische Geschäfte
Arabische Regierung
Eine weitere Moschee

Die Syrische Republik wurde in »Syrische Arabische Republik« umbenannt. Kurd*innen und Christ*innen mussten ihre Identität und ihre Religion aufgeben, um zu überleben.

Jahrzehntelang versuchte das Regime, arabische Ressentiments gegenüber Kurd*innen zu verstärken. Im März 2004 fand in Qamişlo ein Fußballspiel zwischen einer kurdischen und einer arabischen Mannschaft statt.
Fans der arabischen Mannschaft hielten Bilder von Saddam Hussein hoch, dessen Streitkräfte kürzlich etwa 182.000 kurdische Zivilist*innen im Irak getötet hatten.
Die arabischen Fans verspotteten die kurdischen Fans. Die Kurd*innen riefen ihnen Slogans entgegen.
Die arabischen Fans hatten Stöcke und Messer mit ins Stadion genommen.
Sie griffen die kurdischen Fans an.
Die kurdischen Fans eilten zu den Ausgängen. Sicherheitskräfte des Regimes schossen in die Menge und töteten sechs Kurd*innen.

* Dt. »Star-Vereinigung«, 2016 in Kongreya Star (Star-Kongress) umbenannt. »Star« ist der kurdische Name der Göttin Ischtar. (Anm. d. Übers.)

2005 legte der gefangene Vorsitzende der kurdischen Freiheitsbewegung, Abdullah Öcalan, die ›Roadmap‹ vor, die sie auf den Aufstand vorbereiten sollte.
Öcalan nannte dieses Programm »Demokratischer Konföderalismus«.
Wir werden basisdemokratische Institutionen aufbauen. Wir werden lokale Volksräte und Komitees bilden und werden sie zu regionalen Räten zusammenschließen.
Wir werden Geschlechterbefreiung, eine solidarische Ökonomie, sowie ethnische und religiöse Inklusion schaffen. Ohne diese Säulen ist Demokratie unmöglich.
Wir werden in den vier bestehenden Nationalstaaten leben, aber wir werden darauf bestehen, dass sie zu Demokratien werden statt zu Diktaturen. In einem demokratischen Syrien hätten wir kulturelle Grund- und Menschenrechte.
Kurd*innen in Syrien nahmen sich diesen Entwurf zu Herzen und begannen, demokratische Institutionen, illegal und unter Repressalien, aufzubauen.
Hevals, vergesst nicht die Komitee-Sitzung am Dienstag ...

# V. Die Revolution von 2012

* Die PYD (Partiya Yekîtiya Demokrat) – auf Deutsch »Demokratische Einheitspartei« – ist eine 2003 in Rojava gegründete Partei mit Sitz in Qamişlo. Sie steht der Arbeiterpartei Kurdistans (PKK) nahe und strebt die Entwic klung eines selbstverwalteten Systems wie das in Rojava, sowie ein demokratisches und pluralistisches Syrien an. (Anm. d. Übers.)

Die Dschihadisten kamen und übernahmen nach und nach den Aufstand.
Im Laufe der Monate intensivierte sich der Konflikt.
Kurdische Aktivist*innen standen vor einer Wahl:
Die Dschihadisten ermorden Christ*innen aufgrund ihrer Religion!
Ja, aber das Regime bombardiert syrische Städte, als wären sie feindliches Gebiet!
Wie sollen wir zwischen ihnen wählen?
ASSAD
JIHAD
Interessiert sich irgendeine Seite für die Rechte von Kurd*innen?
Nein!
Dann wählen wir eben keine der Seiten. Wir werden unseren eigenen Weg gehen.
Wir werden für unsere eigenen Rechte unsere eigene Revolution beginnen.
Demokratischer Konföderalismus!
Und wir werden ein demokratisches Syrien fordern.

Aber erinnert euch an Qamişlo 2004 — wir waren so unvorbereitet!
Dieses Mal wird es anders. Wir haben Öcalans Roadmap.
Also organisierten wir einen Rat in jeder Nachbarschaft, mit Komitees. Mindestens zwei Leute sollten zuständig sein für Gesundheit, öffentliche Dienstleistungen, und so weiter.
Die Bevölkerung wählte Stadträte, und die Stadträte wählten Delegierte für einen neuen Volkskongress von Westkurdistan.
In Kobanê arbeiteten wir Partei-Kader an der Organisierung aller demokratisch gesinnten Teile der Gesellschaft — darunter Kurd*innen, Araber*innen, Christ*innen, junge Frauen, Menschen aus verschiedenen Klassen.
Wir wollten sektiererische Konflikte zwischen ethnischen und religiösen Gruppen verhindern.
Eine Revolution zu organisieren war das eine, aber sie zu verteidigen war eine andere Sache.
Also organisierten wir unsere Selbstverteidigung, um unsere Kommunen in den Straßen und unsere Räte in den Nachbarschaften zu schützen. Junge Menschen organisierten sich in der YPG.

Dann kam die Nacht des 18. Juli 2012. Regimekräfte waren in Kobanê stationiert ....
Hevals! Die Rebellen haben die Stadt umzingelt! Sie planen einen Angriff, um das Regime hier anzugreifen!
Oh nein! Wenn sie das tun, wird das Regime Kobanê aus der Luft angreifen. Sie werden unsere schöne Stadt zerstören und wir werden sie verlassen müssen.
Aber wenn wir auch nur einen Schuss abfeuern, wird das Regime das als Vorwand nehmen, um uns anzugreifen.
Was können wir tun?
Hevals, wir müssen das Regime davon überzeugen, sich aus Kobanê zurückzuziehen.
Was?
Du hast mich gehört.
Sei vernünftig! Sie werden doch nicht auf uns hören.
Ich glaube, ich weiß, was wir ihnen sagen müssen.
Etwa um Mitternacht machten sich einige Delegierte aus jeder Kommune in Begleitung von bewaffneten YPG-Mitgliedern auf den Weg zu Stützpunkten des Regimes.
Kurden? Was macht ihr denn hier?
Wir sind hier, um zu reden.
Die Aufständischen haben die Stadt umzingelt und bereiten einen Angriff gegen euch vor!
Wenn sie das tun, werden wir Kurd*innen uns ihnen anschließen. Das gilt auch für die YPG — wir alle zusammen werden euch bekämpfen.
Gegen unsere vereinten Kräfte könnt ihr nicht gewinnen und das wisst ihr.
Also ... ihr solltet Kobanê jetzt verlassen.

Die Regimekräfte schauten sich um und sahen, dass alle Kräfte bereit waren, sich gegen sie zu verbünden.
Ihr habt recht.
Hey, vergesst nicht, uns eure Waffen hierzulassen, ja?
Wir nehmen einfach die Hintertür.
So schafften wir es, zwischen Mitternacht und 3 Uhr morgens alle Regimekräfte aus der Stadt herauszuschaffen.
Als sie dann weg waren, trafen wir uns mit den Rebellen.
Okay, die Regimekräfte sind jetzt weg. Ihr habt keinen Grund, Kobanê anzugreifen.
Und so konnten wir die Stadt retten.
Die Nachricht über die Befreiung von Kobanê erreiche auch Cizîr. Schon bald erhob sich die organisierte Masse in diesen Städten gegen das Regime. In Amûdê und Tirbe Spî dauerte es nur zwei Tage, die Regimekräfte zu vertreiben.
In den befreiten Städten bildeten die Menschen Nachbarschaftsräte, um öffentliche Dienstleistungen bereitzustellen. Sie begannen, sich selbst zu regieren.

In Cizîr versuchte das Regime, so wie immer, die lokale arabische Bevölkerung gegen uns aufzuhetzen. Das Baath-Regime hatte ihnen jahrelang eingeredet, dass wir Kurd*innen sie verbannen würden, würden wir jemals die Kontrolle übernehmen.
Freiheit! Azadî!
Aber als wir unsere Räte aufbauten, beteiligten sich viele Araber*innen daran. Sie realisierten, dass sie sich ebenfalls an der Selbstverwaltung beteiligen konnten.
Sie ließen ihre Ängste los. Andere brauchten mehr Zeit und Erfahrung, bis sie erkannten, dass wir sie wirklich miteinbeziehen wollten.
Heute [Dezember 2014] wird 90 Prozent von Qamişlo vom Volk regiert, während 10 Prozent unter der Kontrolle des Regimes ist. Die Regimekräfte bleiben in ihrem eigenen Gebiet und betreten die befreiten Nachbarschaften nicht. Inzwischen können die Bürger*innen auf öffentliche Dienstleistungen, Schulen und Gerichte zurückgreifen.
Wir laden alle Bürger*innen dazu ein, sich an der Selbstverwaltung zu beteiligen.

# Die Revolution in Afrîn

Dann kam der Sommer 2012. In meinem Dorf, Mabeta, mussten wir jedes Mal, wenn wir mit dem Auto unterwegs waren, an Sicherheitskontrollen anhalten.

Jetzt begannen Soldaten des Regimes auf zivile Autos zu schießen. Alle die versuchten vorbeizufahren, wurden angeschossen.

Also entschieden wir, das Regime aus dem Gebiet zu vertreiben. Wir fragten die Gemeinschaft um Rat. Wir organisierten Sicherheitskräfte (Asayîş) und rekrutierten neue Mitglieder aus der lokalen Bevölkerung.
Jedes der 366 Dörfer in Afrîn baute zwei Kommunen auf, ein gemischtgeschlechtliches und eins für Frauen. Die Bewohner*innen wählten die Vertreter*innen ihres Dorfes. Es war niemand von außerhalb beteiligt — wir übernahmen selbst das Kommando.

Am 20. Juli 2012, am Tag nach der Befreiung von Kobanê, befreiten die YPG Afrîn.

Im Juli zog sich das Regime aus den Städten Nordostsyriens zurück, um in anderen Teilen Syriens gegen die Rebellen zu kämpfen.
Vom Regime befreit, begannen wir in jeder Schule mit dem Unterricht in kurdischer Sprache. 2015 eröffneten wir die Universität von Afrîn.
ZANINGEHA EFRÎNE
Wir sagten, dass die Syrische Arabische Republik in »Syrische Republik« umbenannt werden sollte.
Die Revolution stärkte Frauen. Sie waren nun im sozialen und wirtschaftlichen Leben den Männern gleichgestellt.
Nach der Revolution gab es viele Kooperativen in Afrîn. Die Stadt Afrîn war modern, fast wie eine europäische Stadt. Es gab viele Bauarbeiten, viele Geschäfte und viel Handel.
Afrîn war eines der sichersten Gebiete von Syrien. Hunderttausende machten sich auf den Weg dorthin.
Wir empfingen viele Geflüchtete aus anderen Teilen Syriens, Menschen aus Homs, Idlib, Aleppo. Wir teilten unser Essen mit ihnen, wir öffneten ihnen unsere Türen.

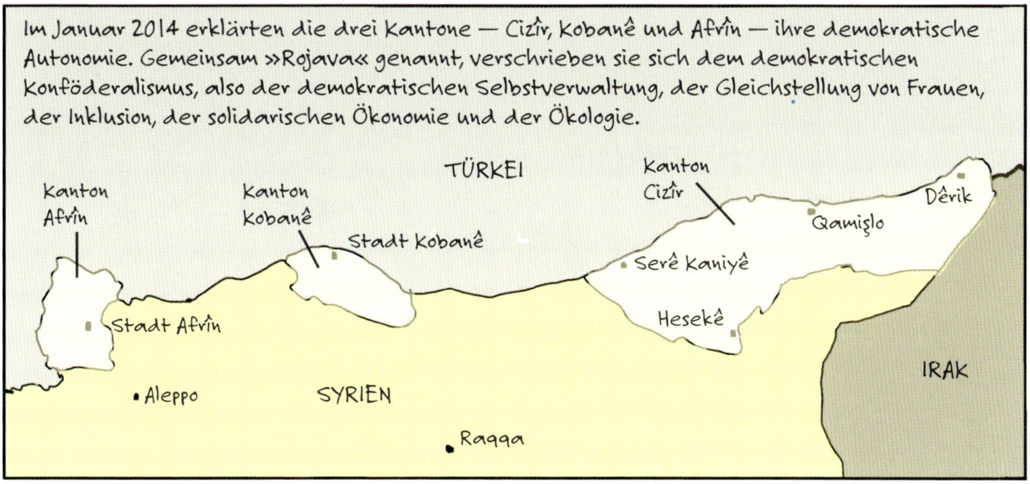


Sie verabschiedeten einen Gesellschaftsvertrag, der diese Prinzipien bekräftigte. Dieser beginnt mit den Worten:

*Wir, die Völker der Gebiete der demokratischen Selbstverwaltung – Kurd*innen, Araber*innen, Assyrer*innen, Aramäer*innen, Turkmen*innen, Armenier*innen und Tschetschen*innen – haben dies aus freiem Willen beschlossen, um Gerechtigkeit, Freiheit und Demokratie in Übereinstimmung mit den Grundsätzen eines ökologischen Gleichgewichts und der Gleichheit ohne rassistische Diskriminierung oder Diskriminierungen auf der Basis von Religion, Glauben, Doktrin oder Geschlecht zu verwirklichen.*

# VI. Frauenverteidigungseinheiten (YPJ)

Offiziere und Soldat*innen in den spanischen Milizen »sprachen einander einfach als compañero an«, schrieb Murray, und sie schufen das Salutieren ab.
Hola, compañera!
In den YPG und YPJ, sprechen sie sich als »Heval« an, also Genoss*in oder Freund*in.
In den spanischen Milizen wurden »alle Unteroffiziere von den Truppen gewählt, die sie anführen sollten.«
Wie ich sowohl 2014 als auch 2015 erfuhr, wählten auch die YPG und YPJ ihre eigenen Kommandant*innen.
Ich frage mich, ob das noch immer so ist.
Murray sagte, dass diese Informalität in den spanischen Milizen der militärischen Effizienz der Einheiten im Wege stand. Am Ende mussten sie einige ihrer revolutionären Innovationen aufgeben.
Seit 2015 haben sich die YPG und YPJ als eine effektive Kampfeinheit erwiesen.
Aber mussten auch sie bezüglich ihrer revolutionären Eigenschaften Kompromisse eingehen? Mussten vielleicht auch sie, wie die spanischen Anarchist*innen, auf die Wahl ihrer Kommandant*innen verzichten? Finden wir es heraus.

Als wir das Pressebüro der YPJ in Amûdê (eine Stadt in Cizîr) besuchten, fragte ich zwei Frauen dort nach der Struktur.
Es gibt jeweils Kommandant*innen auf den unterschiedlichen Ebenen. In der organisatorischen Struktur besteht die Basiseinheit, etwa ein Trupp, aus 5-7 Personen ...
... dann der Zug, dann das Bataillon (tabûr genannt), dann alle Kräfte innerhalb einer Region.
Haben die Kommandant*innen Privilegien?
Alle haben die gleichen Rechte. Alle sind gleich.
Damals 2014 wurde mir gesagt, dass die Kämpfer*innen ihre Kommandant*innen wählen. Ist das immer noch so?
Ja, natürlich, sie werden immer noch gewählt, auf allen Ebenen.
Seit sechs Jahren wählen sie ihre Kommandant*innen! Während sie den IS besiegen! Wenn Murray das nur hätte sehen können!

# YPJ-Akademie, Hesekê

Wie macht ihr das?
In erster Linie lernen unsere Kämpfer*innen, wer sie in der Gesellschaft sind. Wir zeigen ihnen, wie man eine neue Persönlichkeit aufbaut.
Als Frauen? Als Kurd*innen?
Ja, die Rolle von Frauen ist zentral für eine demokratische Gesellschaft. Aber, weißt du, unsere Geschichte als Kurd*innen wurde von unseren Feinden geschrieben. Die erste und wichtigste Sache für Kurd*innen ist, dass wir unsere eigene, wahre Geschichte lernen.
Was ist mit nicht-kurdischen Kämpfer*innen?
Sie alle lernen auch ihre Geschichten. Wenn du wissen möchtest, wer du bist, musst du deine Geschichte kennen.
Ein Echo von Murrays Stimme in meinem Kopf: Um zu verstehen, was etwas ist, musst du seine Geschichte kennen.
Gibt es separate Bataillone für Kurd*innen, Araber*innen und andere? Oder sind die Bataillone gemischt?
Die arabischen YPJ-Mitglieder haben eigene Akademien. Ihre Schulung wird auf Arabisch durchgeführt. Sie lernen ihre eigene Geschichte. Aber die Bataillone sind gemischt. In vielen Aspekten des Kampfes ist eine gemeinsame Sprache nicht immer notwendig.

Wählen die einfachen Kämpfer*innen ihre Kommandant*innen demokratisch?
Ja, es ist eine Frage von Verantwortlichkeit. Jede*r muss jeden Tag wie ein*e Kommandant*in denken. Erfahrung ist manchmal sehr wichtig.
Wenn jemand als Kommandant*in gewählt wird und es nicht gut funktioniert, lassen die Kämpfer*innen es uns wissen und die Person geht zurück in die einfache Truppe.
Und die Kämpfer*innen sind gleichgestellt?
Es gibt keinen Unterschied zwischen den Kommandant*innen und den Kämpfer*innen. So ist unser System. Alle müssen die Arbeit machen. Wir wechseln uns ab mit dem Geschirrspülen.
Kämpfen Frauen und Männer auf unterschiedliche Art?
Sie kämpfen genau gleich. An der Front haben alle eine Rolle, sowohl Männer als auch Frauen können alles.

Was waren die größten Veränderungen in den letzten vier Jahren?
Die wichtigste Sache ist gerade der Fokus auf die Selbstverteidigung und die Verteidigung des Landes. Das Band zwischen den Menschen und dem Land ist stärker geworden.
2014 und 2015 sagten mir die Kämpfer*innen, die ich getroffen hatte, dass sie »für die Menschheit« kämpften. Jetzt, wo der IS besiegt ist, sagen sie, dass sie »für die Menschen und das Land« kämpfen.
Die YPJ hat sich als Streitkraft verbessert, und Frauen erfüllen ihre Aufgaben ebenso gut wie Männer. Jetzt haben sie das Gefühl, lebendig zu sein. Wenn du an dich selbst glaubst, kann niemand dich brechen.
Der Islamische Staat war sehr stark hier in Nord- und Ostsyrien. Alle hatten Angst. Doch es zeigte sich, dass die IS-Kräfte dem starken Willen der Frauen nichts entgegenzusetzen hatten. Das wichtigste ist, alles zu wissen, vor allem über dich selbst.
Was soll mit ehemaligen IS-Kämpfern, den Frauen und Kindern in den Camps geschehen?
Unsere Aufgabe ist es, sie zu bekämpfen und festzunehmen. Danach haben wir nichts mehr mit den Gefangenen zu tun. Es sollte ein Tribunal darüber geben — wir können nicht über sie entscheiden.
Was braucht ihr von der US-geführten Koalition?
Die Koalition hat eine große Rolle im Kampf gegen den IS gespielt. Jetzt müssen wir diese Gebiete beschützen. Es passieren immer noch viele Angriffe. Sie müssen uns bei der Verteidigung helfen.

Yekbûn steht auf und geht zu ihrem Bücherregal am anderen Ende des Zimmers. Sie zieht ein Exemplar von »Towards an Ecological Society« heraus, einer Essay-Sammlung von Murray Bookchin aus den 1970er-Jahren, in türkischer Übersetzung.
EKOLOJIK BIR TOPLUMA DOĞRU
MURRAY BOOKCHIN
TÜRKÇESI: ABDULLAH YILMAZ
Sümer Yayıncılık
Ich erkenne es, weil ich ein Exemplar zu Hause habe. Es ist unglaublich, das Buch hier in ihren Händen zu sehen.

In diesem und anderen Büchern wies Murray darauf hin, dass die Grenzen des Kapitalismus ökologisch sind.
Der Kapitalismus ist der Punkt der absoluten Negativität sowohl für die Gesellschaft als auch für die natürliche Welt.
Er beraubt die Gesellschaft der ethischen Verpflichtungen. Er lässt zu, dass ungebremste Gier den Sinn für das Gemeinwohl ersetzt. Er bringt Menschen gegen Menschen auf und verkörpert patriarchale Werte, Ausbeutung, Etatismus und Militarismus. Und sie stellt die Gesellschaft in einen Gegensatz zur Natur, indem sie ein ungehemmtes Wachstum vorantreibt.
Der Kapitalismus kann nicht reformiert werden. Eine kapitalistische Gesellschaft wird zwangsläufig den Planeten zerstören.
Wir brauchen eine neue Vision von Freiheit für die Menschheit und die natürliche Welt: eine ökologische Gesellschaft, die auf nicht-hierarchischen Beziehungen, partizipatorischer Demokratie, dezentralisierten Gemeinschaften, ökologischen Technologien wie Solarenergie, biologischer Landwirtschaft, Industrien in menschlichem Maßstab und auf in die Ökosysteme eingepassten Siedlungen beruht.
Durch eine partizipatorische Demokratie könnten die Menschen die Angelegenheiten der Gesellschaft selbst regeln, ohne Bürokratie oder Berufspolitiker*innen.
Eine solche Gesellschaft würde die Spaltungen zwischen den Geschlechtern und Altersgruppen sowie Stadt und Land überwinden und in eine humanistischere und ökologische Synthese überführen.

Eine der Kämpfer*innen, Faraşîn, erzählte mir, dass sie fünf Jahre lang in der YPJ gedient hatte. Sie kämpfte in Afrîn.
Was bedeutet die YPJ für dich?
Die YPJ steht für die Rechte der Frauen und für Erleuchtung. Wir mussten beweisen, dass wir das tun können, was Männer tun. Die YPJ ist sowohl zivil als auch militärisch, denn sie unterstützt Frauen dabei, zu verstehen, welche Rolle sie in der Gesellschaft haben.
Bist du jetzt entspannt, nach dem Sieg gegen das IS-Kalifat?
Überhaupt nicht. Wir sind eine militärische Kraft. Wir müssen auf alles vorbereitet sein. Wir trainieren. Daesh war nicht unser einziger Feind.
Rechnest du damit, dass ihr nochmal gegen die Türkei kämpfen müsst?
Ja, wir werden einen weiteren Krieg sehen. Afrîn ist unter türkischer Kontrolle. Wir müssen unsere Ziele definieren und unser Bestes geben.
Was schuldet die Welt euch für den Kampf gegen den IS?
Unsere erste Pflicht war es, unsere Gesellschaft von der dunkelsten terroristischen Kraft im Nahen Osten zu befreien, während alle anderen sich weigerten zu handeln. Wir erfüllten unsere Pflicht. Ihre Pflicht ist es, uns anzuerkennen und zu unterstützen.
Wofür kämpft ihr?
Als militärische Kraft kämpfen wir für unsere Freiheit.
Wir tun alles für die Demokratische Nation, für eine Gesellschaft, in der wir in Frieden leben können.
Und wir kämpfen dafür, alles zu teilen.

Didan Zarkus, YPJ-Kämpferin
Ich bin seit 2013 in der YPJ. Ich kämpfte in Afrîn.
Warum bist du beigetreten?
Für mich war es eine große innere Bereicherung, Frauen zu sehen, die all diese Dinge tun. Es hat mein Leben verändert. Jetzt kenne ich meine Rolle in der Gesellschaft. Ich kenne mich selbst.
Wofür kämpfst du?
Ich kämpfe für mein Land und meine Leute. Über die Jahrhunderte wurden Frauen immer unterdrückt. Jetzt bestimmen wir.

Bêrîvan Cûdî
Ich schloss mich vor 5 Jahren an. Ich kämpfte in Afrîn.
Das erste, was ich lernte, war der Weg in die Freiheit. Ich las über unsere Geschichte in Öcalans Überlegungen und in der Gesellschaft. Hier lernen wir, wie und warum man kämpft.

Elam diente 5 Jahre lang. Sie war in Tabqa und al-Bab im Einsatz.
Wie hat dich die Zeit bei der YPJ verändert, Elam?
Früher war die Hausfrau die einzige Rolle der Frau, die ich kannte. Jetzt weiß ich, wie ich meine Leute gegen Feinde verteidigen kann. Ich weiß, wer ich bin.
Wofür kämpfst du?
Unsere Freiheit, unser Volk, unser Land. Wir müssen die Kinder beschützen, denn sie sind im Krieg großen Schwierigkeiten ausgesetzt.
Wovor hast du Angst?
Jetzt, da ich in der YPJ bin, fürchte ich mich vor gar nichts.

Sie spielen Volleyball.
Während ich zusehe, denke ich an Rûken, eine Arbeiterin im Car Cela Restaurant in Dêrik, die ein Gedicht über die YPJ geschrieben hat:

Eure Ehre und Würde werden euch den Ruhm von Adlern einbringen.

Die Frauen Kurdistans sind eine Schule für künftige Generationen, ein neues Modell.

Ihr seid wie Künstlerinnen der Welt.
Dank eurem Willen und eurer Kraft sind die Kurd*innen so stark wie Feuer geworden.
Keine Nation kann euch besiegen.
Ihr seid stärker und mutiger als Männer.
Eure Inspiration verärgert eure Feinde.
Der Weg, den ihr für uns verteidigt, wird uns in die Freiheit führen. Wir sind bereits spät dran.

Nach dem Volleyballspiel suchen wir uns einen guten Platz für Fotos.
Yekbûn und ich laufen zusammen mit dem Übersetzer.
Janet, hast du die YPJ besucht, als du früher in Rojava warst?
Ja, beide Male.
Fühltest du dich stärker, als du nach diesen Besuchen wieder zu Hause ankamst?
Ja, und ich fühle mich auch jetzt stärker. Warum fragst du?
Ich frage, weil wir uns auch durch dich stärker fühlen.
Ich habe eine derartige Wirkung auf diese Kämpfer*innen!? Wie ist das möglich?
Wir stellen uns Arm in Arm für die Fotos auf.
Das ist der Höhepunkt meines Lebens.

# VII. Frauen und Männer

* Gemeint ist Abdullah Öcalan. (Anm. d. Übers.)

Unser Interview beginnt.
Evîn erzählt, wie die Yekitiya Star (wie sie damals genannt wurde) sich im Vorfeld der Befreiung 2012 organisierte.
Damals 2005 träumten wir von der Göttin Ischtar. Und jetzt sind wir wie Göttinnen geworden!
Nach der Revolution 2012 stellte uns die Selbstverwaltung einige ehemalige Wohnungen des Regimes für die Yekitiya Star-Akademien zur Verfügung.
2016 benannten wir uns in Kongreya Star um als Dachverband zu dienen, in dem alle Frauen einen Platz haben.
Auch Frauen von anderen Parteien.
Meinst du die Oppositionsparteien, der ENKS, der sich nicht an der Revolution beteiligte?
Und beteiligen sich diese Frauen?
Oh, ja. Wir möchten mit allen Frauen zusammenarbeiten, auch mit denen vom ENKS.
Frauen vom ENKS halten es für eine gute Idee, aber sie befinden sich weiterhin unter der Kontrolle von Männern!

Wendet sich Kongreya Star außer an Kurdinnen auch an Frauen aller anderen Bevölkerungsgruppen?
Weißt du, anders kann ich es mir kaum vorstellen. Ja, natürlich beziehen wir Frauen aus allen Bevölkerungsgruppen mit ein.
Unser Ziel ist es, alle Frauen im Nordosten zu erreichen, einschließlich der Frauen in den befreiten Gebieten.
Woran arbeitest du jetzt?
Wir errichten ein Komitee, das die Rechte von Frauen im ganzen Nordosten sicherstellen soll.
Und irgendwann werden wir uns im Nordosten mit dem Regime zusammensetzen, um eine neue Verfassung für ein wiedervereinigtes Syrien auszuhandeln. Wir bereiten uns also darauf vor, die Rechte der Frauen im ganzen Land zu gewährleisten.
Bisher weigert sich das Regime, den Nordosten anzuerkennen.
Ja, aber eines Tages werden sie es, und wir bereiten uns auf diesen Tag vor. Wir haben Menschen ernannt, die die Regeln und Prozeduren dafür diskutieren sollen.
Wir kommunizieren mit Frauen in anderen Teilen Syriens.
Schau, wir haben eine Konferenz in einigen Tagen, um an einem Frauenrat für den Nordosten zu arbeiten. Warum nimmst du nicht teil? Es wird in Amûdê stattfinden.

Einige Tage später, in einem Hörsaal in einem Gebäude der Selbstverwaltung in Amûdê
CIVINA KOMITA AMEDEKAR A MECLISA
JINÊN BAKÛR Û ROJHILATÊ SÛRÎ
Auf dem Banner oben steht in drei Sprachen: »Treffen des Vorbereitungskomitees für den Frauenrat von Nord- und Ostsyrien«.
Vor der Revolution 2012 hätte das Regime einen Raum wie diesen genutzt, um neue Methoden zur Unterdrückung der Kurd*innen zu entwickeln. Heute nutzen die Frauen diesen Raum, um Wege zu finden, die jahrhundertelange patriarchale Unterdrückung zu überwinden.

Die Konferenz prüft die Grundsätze, Regeln und Verfahren für die Einrichtung des Frauenrates.

Die Grundsätze sind:

1. Gleichstellung der Geschlechter
2. Demokratische Gesellschaft
3. Friedliche Koexistenz der ethnischen und religiösen Gruppen
4. Bekämpfung von Rassismus, Nationalismus und geschlechtsspezifischer Diskriminierung
5. Bekämpfung von Gewalt gegen Frauen
6. Organisierung der Frauen im Nordosten und in ganz Syrien
7. Sensibilisierung für die Belange von Frauen
8. Gewährleistung von Schutz und Unterkunft für Frauen und Kinder, die unter den Auswirkungen des Krieges leiden, in Übereinstimmung mit der UN-Sicherheitsratsresolution 1325.*

*in welcher die unverhältnismäßigen und spezifischen Auswirkungen von bewaffneten Konflikten auf Frauen und Mädchen festgehalten sind.

Die Frauen gehen das Dokument über die Regeln und Prozeduren Wort für Wort durch und prüfen die Grammatik und die Zeitformen der Verben.
Ossama, warum investieren sie so viel Zeit und Energie in die Korrektur der Grammatik?
Das Dokument ist in arabischer Sprache, und arabische Wörter haben oft mehrere Bedeutungen. Sie müssen die Wörter also mit Bedacht wählen.
Pause.
Janet, es ist schön, dich bei unserem Treffen zu sehen! Weißt du, ich habe viele von Murrays Schriften gelesen.
Aber wo sind die arabischen und kurdischen Übersetzungen seiner Bücher?
Ah! In welcher Sprache?
Türkisch.
Es gibt noch keine, leider.
Foza Yusuf
Hallo Evîn! Ich habe gerade herausgefunden, dass die YPJ-Kommandant*innen immer noch gewählt werden! Ich hätte nie gedacht, dass diese Praxis so lange überleben würde.
Ah! Nur im Norden und im Osten …
…Bakûr û Rojhelatê Sûrî!

Ich versuche immer noch zu verstehen, wie arabische Frauen in diese Revolution eingebunden sind. Ich habe gehört, dass einige arabische Frauen der Frauenbefreiung skeptisch gegenüberstehen, weil sie glauben, dass sie gegen den Islam verstößt.
In der Pause frage ich Welaa Al Naji, die Ko-Vorsitzende des Frauenrats in Tabqa.
Was halten die Frauen in Tabqa von der Frauenrevolution?
Seit wir von Daesh befreit wurden, organisieren wir uns, um den Frauen einen Platz in der Gesellschaft zu geben.
Wie ist deine Einschätzung zu der Vielfalt der Frauen auf diesem Treffen?
Zivilgesellschaftliche Organisationen, Parteien, alle Ethnien, Christ*innen, Araber*innen, Êzîd*innen – wir sind alle hier, wir arbeiten alle zusammen.

Huda Shekhmous ist die Ko-Vorsitzende im Bereich Kultur und Kunst in Cizîr.
Huda, was hat dich heute hierher geführt?
Ich bin hier, um mich für die Rechte der Frauen im Nordosten einzusetzen ...
... und auch, um das Dokument in Einklang mit der Resolution 1325 des UN-Sicherheitsrates über Frauen und Kinder in Kriegsgebieten zu bringen, ...
... sowie mit der Resolution 1820 über sexualisierte Gewalt in Kriegszeiten.
* In der Resolution 1820 wird erklärt, dass Vergewaltigungen und andere Formen sexualisierter Gewalt Kriegsverbrechen, Verbrechen gegen die Menschlichkeit oder eine die Tatbestandsmerkmale des Völkermords erfüllende Handlungen darstellen können.
Am 14. Juni 2019, ein paar Wochen nachdem ich Rojava verlassen habe, wurde der Frauenrat von Nord- und Ostsyrien, für den sie sich vorbereitet hatten, offiziell gegründet, unter dem Slogan: »Die Einheit der freien Frauen garantiert ein demokratisches Syrien«.

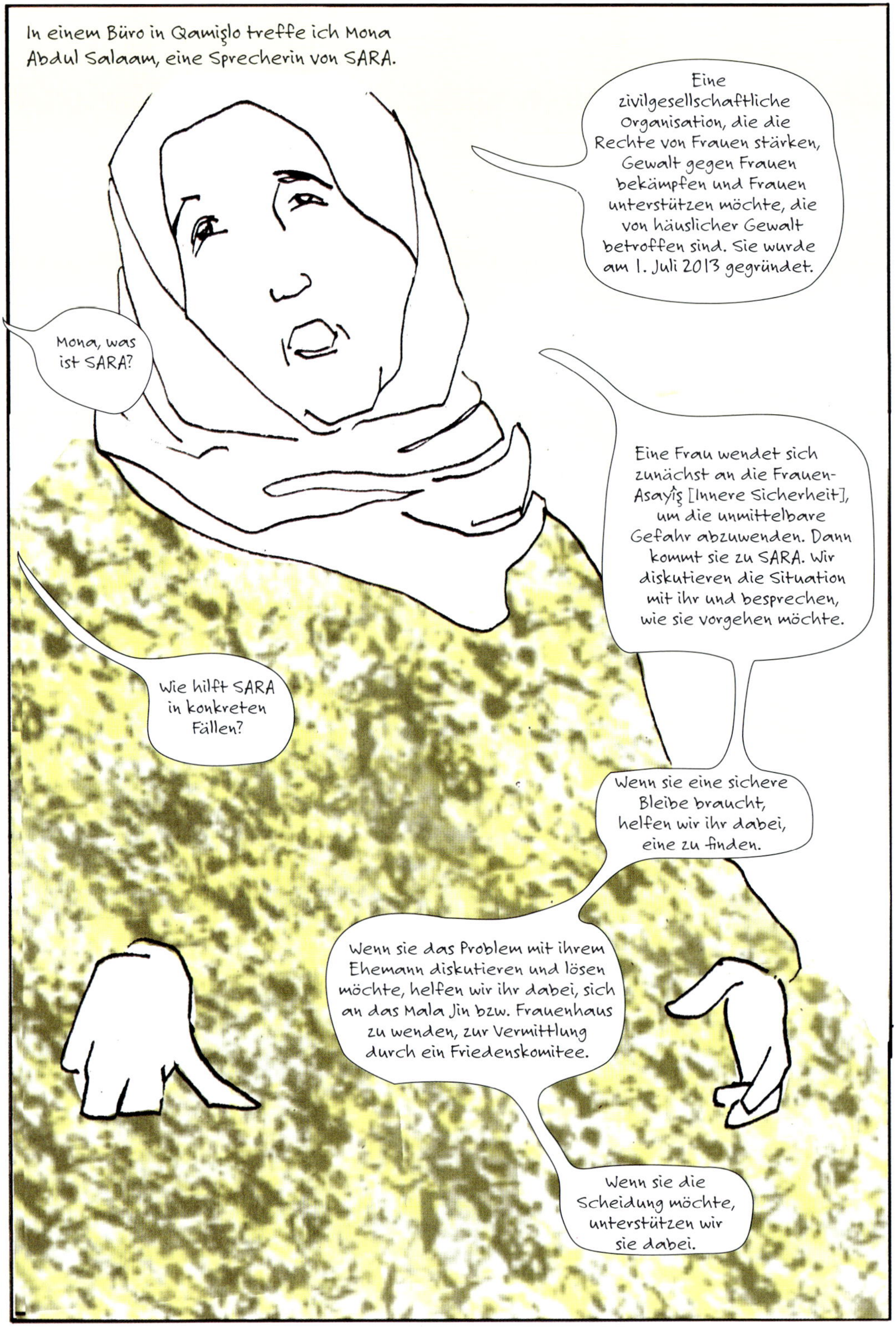
In einem Büro in Qamişlo treffe ich Mona Abdul Salaam, eine Sprecherin von SARA.
Mona, was ist SARA?
Eine zivilgesellschaftliche Organisation, die die Rechte von Frauen stärken, Gewalt gegen Frauen bekämpfen und Frauen unterstützen möchte, die von häuslicher Gewalt betroffen sind. Sie wurde am 1. Juli 2013 gegründet.
Wie hilft SARA in konkreten Fällen?
Eine Frau wendet sich zunächst an die Frauen-Asayîş [Innere Sicherheit], um die unmittelbare Gefahr abzuwenden. Dann kommt sie zu SARA. Wir diskutieren die Situation mit ihr und besprechen, wie sie vorgehen möchte.
Wenn sie eine sichere Bleibe braucht, helfen wir ihr dabei, eine zu finden.
Wenn sie das Problem mit ihrem Ehemann diskutieren und lösen möchte, helfen wir ihr dabei, sich an das Mala Jin bzw. Frauenhaus zu wenden, zur Vermittlung durch ein Friedenskomitee.
Wenn sie die Scheidung möchte, unterstützen wir sie dabei.

Wir führen Kampagnen durch, um die Rechte von Frauen zu fördern und mehr Sensibilität für das Problem der häuslichen Gewalt zu schaffen.
Unsere derzeitige Kampagne läuft für neun Monate, vom 16. März bis zum 25. November.
Wir werden Familien darüber aufklären, wie die Abschaffung schlechter Traditionen das Leben für alle in der Familie verbessert.

Was sind die Auswirkungen eurer Kampagnen auf die Ehe? Es muss eine große Umstellung für Familien sein. Gibt es auch psychologische Hilfe?
Ja, es gibt ein Zentrum dafür in jeder Stadt.

Ist die häusliche Gewalt seit der Revolution weniger geworden?
Wir führen seit Beginn der Revolution Statistiken. Wir zählen jetzt mehr Fälle als früher, aber das liegt daran, dass mehr Fälle gemeldet werden.

Najah Hamin, auch von SARA:
Auch die verbesserten wirtschaftlichen Möglichkeiten und die Erwerbstätigkeit von Frauen haben eine positive Auswirkung.
Die Selbstverwaltung ist gut darin, Frauen zu stärken. Frauen haben jetzt einen Rechtsweg. Fälle von Polygamie kommen vor Gericht. Aber Frauen müssen immer noch mehr über ihre Rechte lernen.
Warum habt ihr den Namen SARA gewählt?
Weil der Name für Kurd*innen, Christ*innen, Araber*innen, für alle von Bedeutung ist.
Es ist ein Name, der über eine bestimmte Religion hinausgeht.
Er soll betonen, dass alle Frauen willkommen sind, nicht nur die von einer bestimmten Religion.

# Jinwar

Jinwar, ein Frauendorf in der Nähe von Amûdê
Der Name bedeutet »Ort der Frauen«.
Bêrîvan, eine englischsprachige Internationalistin, führte uns herum und übersetzte für uns.
Jinwar wurde unter anderem durch ein schreckliches Ereignis im Jahr 2016 veranlasst. In Irakisch-Kurdistan richtete Daesh 19 êzîdische Frauen öffentlich hin. Sie wurden in Käfigen verbrannt, nachdem diese sich weigerten, mit ihnen Sex zu haben.
Nach dieser Gräueltat haben mehrere Frauengruppen (Kongreya Star, die Frauenstiftung in Rojava und andere) Pläne ausgearbeitet und eine Spendenkampagne gestartet.
Einige Ingenieur*innen haben uns mehrere Entwürfe vorgelegt, und wir haben von jedem Entwurf einzelne Aspekte übernommen. Vor zwei Jahren begannen wir mit dem Bau von 30 Häusern,
Wir benutzten handgefertigte Lehmziegel, die mit einer Schicht aus Lehm verputzt wurden.
Geplant ist, dass in jedem Haus eine Familie wohnen soll. Noch sind nicht alle Häuser bewohnt, nur etwa 10.
(Stand Mai 2020 sind es 16 Frauen und 32 Kinder)

Die Frauen im Raum sind (von rechts nach links): Jiyan, Rûmet, Fatma, Bedra, Sakine, Zeyrab und Şirîn.
Jinwar ist ein Dorf, das arbeitet, und die Arbeit ist gemeinschaftlich.
Wir bauen Bio-Gemüse, Weizen und Linsen an.
Die Erde ist reichhaltig und wir haben eine gute Wasserquelle.
Es gibt eine Bäckerei. Dort backen wir Brot für uns selbst und verkaufen dann den Rest in einem nah gelegenen Laden.
Andere Frauen hüten Schafe und bauen Gerste als Futter an. Wieder andere Bewohner*innen stellen Kleidung und traditionelle Teppiche her.
Wir haben ein Einkommen.

Einige unverheiratete Frauen leben hier aus freien Stücken. Aber wir sind vor allem geschiedene Frauen und Witwen von Gefallenen, mit Kindern.
Viele von uns hatten Kinder zu ernähren, aber keine wirtschaftliche Unterstützung durch einen Ehemann.
Wir hatten kein Einkommen und keine verwertbaren Fähigkeiten.
Wir mussten einige Fähigkeiten erlernen, aber das gestaltet sich in der normalen Gesellschaft schwierig, weil Männer die Geschäfte und die Nachbarschaften kontrollieren.
Hier haben Frauen die Freiheit, Fähigkeiten zu erlernen und unabhängig zu werden.
Anfangs waren einige Frauen unsicher, ob sie hierher passen würden.
Aber als sie hier ankamen und anfingen, mit anderen Frauen zusammenzuleben, war es in Ordnung. Wir diskutieren miteinander und unterstützen uns gegenseitig.

Die Gesellschaft will Frauen kontrollieren und sie ihrer Möglichkeiten und ihrer Freiheit berauben.
Ich komme aus Kobanê, ich bin die Witwe eines Gefallenen und habe sechs Kinder.
Ich bin hergekommen, um mich wieder zu erholen und an meinen Fähigkeiten zu arbeiten. Wir haben unser eigenes System und unseren eigenen Rat. Es ist eine große Chance.
Fatima Amin
Ich bin auch die Witwe eines Gefallenen. Ich habe sieben Kinder.
Ich bin Araberin aus Shaddadi und bin seit sieben Monaten hier. Meine Kinder sind hier glücklich und wollen nicht mehr zurück nach Shaddadi.
Bedra Abut
Ich komme aus Serê Kaniyê und Kobanê. Mein Ehemann war gewalttätig. Es war sehr hart.
Ich bin jetzt seit fünf Monaten in Jinwar. Ich habe drei Kinder im Alter zwischen 8 Monaten und 5 Jahren.
Ich fühle mich wohl hier mit den anderen Frauen, mehr als ich erwartet hatte. Ich bin glücklich und möchte bleiben.
Sakine Kobane

Es gibt viele Kinder hier.
Ja, einige Menschen scherzen, dass es eigentlich »Kinderdorf« heißen sollte. Es ist ein großartiger Ort für sie.
Für die jüngeren Kinder haben wir eine Grundschule, gleich hier drüben. Die zwei Teenager besuchen eine Schule außerhalb des Dorfes. Ich unterrichte Englisch.
Internationalist*innen wie ich sind hier, weil wir das System im Nordosten schätzen und einen Beitrag leisten wollen.
Aber wahrscheinlich profitieren wir mehr davon, hier zu sein, als die Menschen im Nordosten von uns.
Was für ein schönes Wandgemälde!

# Jineolojî-Forschungszentren und -Akademien

Die Kämpfe von Frauen wurden aus der Geschichtsschreibung ausgeschlossen. Jetzt forschen wir, um diese Geschichte zurückzuerlangen.
Unsere Quellen? Wir schöpfen aus den bestehenden Aufzeichnungen und aus Religion, Mythologie und Archäologie.
Wir forschen auch zur Şoreşa Jin, der jüngsten Frauenrevolution im Nordosten.
Die Forschung ist nicht nur für Kurd*innen, sondern auch für Araber*innen und Christ*innen. Wir haben religiöse Unterschiede aber auch Ähnlichkeiten.
Viele arabische Frauen wohnen hier in Hesekê und sie haben ein großes Bedürfnis nach uns. Unsere Lehrer*innen gehen auf die arabische Community zu.
Wir teilen den Stand der Forschung mit den Jineolojî-Akademien. Sie bieten Schnellkurse über Frauen und Geschichte an, die Einheiten dauern fünf bis zehn Tage.
Student*innen an den Akademien studieren die Geschichte von Frauenwiderständen und Theorien der Befreiung.

Sie studieren das freie gemeinschaftliche Leben, soziale Ökologie, Selbstverteidigung, gemeinschaftliche Ökonomie, und natürliche Heilmethoden.
Dann planen sie, wie sie in der Gesellschaft aktiv werden.
Wir versuchen, Frauen Flügel zu verleihen, sodass sie fliegen können wie die Vögel. Wir möchten es in ihren Augen sehen.
Wir werden eine Jineolojî-Akademie für alle Frauen in Nordostsyrien aufbauen.

# Zozan Simas Vorträge in Hesekê

Die wissenschaftliche Revolution in Europa im 16. Jahrhundert strebte nach der Wahrheit, und wie Spinoza sagt: »Wissenschaft ist Freiheit«.
Aber die dominante Mentalität machte sich diese Wissenschaft zunutze und stellte sie in den Dienst der Herrschaft.
Sie konnten das tun, weil die neuen wissenschaftlichen Erkenntnisse exklusiv waren. Wenn Wissen exklusiv ist, kann es missbraucht werden, um Menschen zu unterdrücken.
Die Herrschenden haben seit der Zeit der Sumerer verstanden, dass man Menschen nicht unterdrücken kann, wenn sie Wissen haben.
Wenn man Menschen unterjochen will, schließt man sie vom Wissen aus.
Unwissende Menschen haben nicht die Kraft, sich zu wehren.
Heute besteht die Krise der Wissenschaft darin, dass sie nicht Teil der Gesellschaft ist.
Aber wenn die Menschen Wissen haben, werden sie Widerstand leisten und die Macht bekämpfen.
Wenn sich Wissenschaft und Gesellschaft vereinen, können wir Lösungen für die heutige Zeit finden.

# Arabische Frauen in der Geschichte

In der Akademie in Hesekê hängen Fotos von kurdischen Kämpferinnen an den Wänden.
Bêrîtan (Gülnaz Karataş)
Eine PKK-Kämpferin. 1992 verbündeten sich die kurdischen Pêşmerge im Irak mit der türkischen Armee, um die PKK anzugreifen. Bêrîtan kämpfte bis zur letzten Kugel. Auf einem Berg wurde sie vom Feind umzingelt, der sie aufforderte, sich zu ergeben. Stattdessen stürzte sie sich mit ihrer Waffe von einer Klippe. Ihr außergewöhnlicher Mut machte sie zu einer Symbolfigur des Widerstands der PKK.

Avesta Xabûr (Zalûx Hemo)
Eine YPJ-Kämpferin aus Afrîn. Im Februar 2018 versuchte ihre Einheit, eine türkische Offensive in Hemame in Afrîn aufzuhalten. Als sich ihr ein türkischer Panzer näherte, warf sie eine Granate in den Panzerturm. Die Explosion zerstörte den Panzer und tötete türkische Soldaten, aber auch sie selbst kam dabei ums Leben.

Arîn Mîrkan
Kommandantin einer YPJ-Einheit. Am 5. Oktober 2014 kämpfte ihre Einheit auf einem strategischen Hügel südlich von Kobanê gegen den IS. Als der IS sie zum Rückzug zwang, lief sie auf den IS zu und zündete Sprengstoff, der an ihrem Körper befestigt war. Dabei wurden sie selbst und etwa ein Dutzend IS-Mitglieder getötet.

# Über revolutionäre Theorie

In Frankreich waren es die Nationalversammlung und die Erste Republik.
In beiden Ländern bildete eine liberale Koalition eine Regierung mit gemäßigten repräsentativen Institutionen.
In Russland war es die provisorische Regierung.

ZWEITE REVOLUTION
In beiden Revolutionen radikalisierte sich das unzufriedene Volk. Sie lehnten die Gemäßigten ab. Mit ihrer Unterstützung übernahm eine radikale Partei die Macht.
In Frankreich gründen die Jakobiner den Nationalkonvent.
In Russland schufen die Bolschewiki eine sowjetische Regierung.

Aber diese »radikalen« Regierungen zentralisierten schließlich die Macht in einem Staatsapparat. Sie waren nur dem Namen nach radikal und bauten demokratische Institutionen ab.
Und sie richteten politische Gegner hin.

Wer braucht Demokratie? Ich spreche für das Volk!
Robespierre
Lenin
DRITTE REVOLUTION
Das revolutionäre Volk durchschaute die Lügen und forderte eine »dritte Revolution«, um die demokratischen Institutionen zurückzugewinnen und sie zu einer popularen Demokratie auszubauen.
In Frankreich wollten die Pariser Sansculottes die Macht der Volksversammlungen in den Vierteln (Sektionen) ausweiten.
In Russland wollten die Arbeiter*innen und Matros*innen ihre demokratischen Räte wiederbeleben, um den von den Bolschewiki kontrollierten Apparat zu ersetzen.
Kronstadt Revolt 1921
Die Forderung nach der dritten Revolution ist die Forderung nach einer popularen Demokratie.

Doch weder in Frankreich noch in Russland wurde die dritte Revolution verwirklicht.
Die vermeintlich revolutionären Organisationen der zweiten Revolution schlugen die Volksbewegungen mit militärischer Gewalt nieder.
Murray war der Meinung, dass die Revolution, die einer dritten Revolution am nächsten kam, die der spanischen Anarchist*innen in den Jahren 1936-37 war.
Ja, im 19. und 20. Jahrhundert gab es viele Revolutionen und Arbeiter*innen-Aufstände für die Freiheit.
Die meisten von ihnen waren anfangs Volksaufstände, aber dann kamen autoritäre Kräfte und übernahmen sie.
Aber du weißt, die Revolution des 21. Jahrhunderts ist die Revolution der Frauen.
Ja, das wäre die vierte Revolution!

Bei der Fahrt durch Qamişlo sehen wir junge Männer, die in jeder Großstadt des Nahen Ostens sein könnten.
XWAI
C
51

Wenn Frauen in den USA ein solches Maß an sozialem Status und Macht erlangen würden, gäbe es eine enorme Gegenreaktion. Von dieser Erwartung geleitet, suchte ich bei den Männern, die wir in Rojava trafen, nach Anzeichen von Unzufriedenheit.
Ich fragte Cûdî Bourkat, einen Mann in seinen Zwanzigern, in einer Straße in Qamişlo.
Wie sieht es mit der Stärkung der Frauen aus? Wie funktioniert das für dich?
Ach! Es ist selbstverständlich eine gute Sache, es steht nicht zur Diskussion!
In Kobanê erklärte Omer Hesen:
Frauen haben im Kampf gegen den IS bewiesen, dass sie genauso gut kämpfen können wie die Männer. Das hat sich gut ausgewirkt.
Frauen sind jetzt in leitenden Positionen neben den Männern.

# Männlichkeit

Warum? Liegt es an der gemeinschaftlichen Solidarität ihrer Gesellschaft? Daran, dass alle Glieder einer Kette sind?
Gibt ihnen die Einbettung in eine Gemeinschaft mehr Sicherheit in Bezug auf ihre Männlichkeit als Männern im Westen?

Sie tanzen sogar gemeinschaftlich ...

... mit und ohne Frauen.

# VIII. Szenen aus Qamişlo

HOTEL

# Vox Pops aus der Innenstadt

Moris Saliba, Besitzer eines Cafés, wo ältere Männer Karten spielen. Er ist Assyrer, seine Kunden sind aus verschiedenen ethnischen Gruppen.
Ich habe dieses Café von meinem Vater geerbt. Es ist seit fast einem Jahrhundert im Besitz meiner Familie.
Daesh bedrohte sowohl Kurd*innen als auch Araber*innen. Einige flohen, aber viele blieben auch.
Sutoro, die autonome Einheit der Suryoye, die in der Selbstverwaltung aktiv ist, verteidigte die Nachbarschaft. Sie kämpfte unter der Fahne der Assyrischen Einheitspartei.
Alle Ethnien und Religionen sind hier zusammen, und das ist gut so.

Wie läuft es mit der Demokratie?
Eine Menge Arbeit ist nötig. Die Demokratie ist nur der Anfang. So weit sind wir noch nicht.
Es ist noch keine vollständige Demokratie, es sind nur die Anfänge einer Demokratie. Wir befinden uns in einem Kriegsgebiet. Eine vollständige Demokratie können wir nicht haben.
Wir haben tausende von Kämpfer*innen geopfert, seit die Selbstverwaltung aufgebaut wurde. Aber wir brauchen ein Parlament, in dem sich alle Parteien beteiligen können.
Abo Loran
In einem Suq fragte ich eine Frau mittleren Alters nach den Problemen der Revolution.
Die Luftverschmutzung ist das Schlimmste. Es gibt zu viele Autos, die mit Diesel betrieben werden und schmutzige Abgase ausstoßen. Das ist krebserregend. Die Krankenhäuser behandeln die Menschen mit Chemotherapie, aber es nützt nichts.

Sie hatte Recht. Luftverschmutzung ist ein Problem in Qamişlo und in anderen Städten.

Da es keine Erdölraffinerien gibt, ist der Nordosten für den Antrieb von Autos auf Diesel angewiesen.
Auf den Straßen strömen Abgase aus den Auspuffrohren.

Es gibt kaum Recycling. Rauch steigt von den Mülldeponien am Straßenrand auf, wo der Abfall verbrannt wird.
Und da der Handel mit der Außenwelt blockiert wird, kann der Nordosten keine Materialien für den Bau von saubereren Ölraffinerien, Recyclinganlagen oder Ausstattungen für den öffentlichen Verkehr erhalten.

# Entspannung

Der bekannte kurdische Sänger Rotînda gibt ein Konzert am Kunst- und Kulturzentrum von Qamişlo
Bijî Kurdistanê!

Und Tanzen ist Teil eines jeden freien Tages.

# IX. Wirtschaft

Auf den Ölfeldern wird nur von einer Handvoll Bohrtürmen tatsächlich Öl gewonnen.
Es kann nicht exportiert werden, da der Nordosten wirtschaftlich abgeschottet ist und kaum internationale Anerkennung findet.

Das Öl wird zum Nutzen der Gesellschaft verwendet.
Die Selbstverwaltung verkauft Dieselkraftstoff für ein paar Cent pro Liter an die Bevölkerung.

Die Menschen in Rojava können der Selbstverwaltung neue Wirtschaftsprojekte vorschlagen, die mit Gebäuden oder Grundstücken, die der Kommune gehören, realisiert werden sollen.
Aber die Selbstverwaltung muss jedes Projekt genehmigen. Ein wichtiges Kriterium:
Ist das Projekt von sozialem Nutzen?
Ist das Projekt …

Das Restaurant Car Cela in Dêrik bietet hausgemachte Speisen aus lokalen Zutaten, wie Dolma, Hühnchen und Schafsbauch (sehr schmackhaft und zart).
Dieser Raum im zweiten Stock gehört der Gemeinde. Mehrere von uns, alles Frauen, schlugen ihnen vor, hier ein Restaurant zu eröffnen.
Wir hatten so etwas noch nie gemacht. Aber die Selbstverwaltung akzeptierte unseren Vorschlag.
Rûken, eine der Mitarbeiter*innen
Sie hat uns sogar ausgebildet in Essenszubereitung und im Restaurantbetrieb. Jetzt rotieren die Mitarbeiter*innen mit den Aufgaben.
Wir machen diese Arbeit gerne. Vor 2012 hätten wir nicht einmal erträumt, dass wir einmal ein Restaurant betreiben würden.
Wir halten die Preise niedrig, damit auch ärmere Menschen hier essen können.

Das Restaurant ist nicht gewinnorientiert.
Wir melden unsere Einnahmen und Ausgaben jede Woche an die Gemeinde.
Achtzig Prozent der Einnahmen gehen an die Frauen, damit sie ein Einkommen haben.
Zehn Prozent gehen zurück in den Betrieb, und zehn gehen an die Selbstverwaltung.

Wenn wir uns umsehen, finden wir immer mehr solcher Projekte, die gemeinschaftliche Flächen und Grundstücke nutzen. Im Qamişlo Park, gegenüber vom Stadion, befindet sich das Restaurant Avesta, ein Projekt des Jugendrats.
Xwaringha
Avesta

Im gesamten Nordosten hat die Selbstverwaltung dazu beigetragen, dass kleine Kooperativen in den Bereichen Landwirtschaft, Viehzucht, Handwerk, Gastronomie und Lebensmittelproduktion entstanden sind.
Ich dachte immer, dass Kooperativen per Definition nicht nur von den Arbeiter*innen geführt werden, sondern auch im Besitz der Arbeiter*innen sind.
Aber diese Betriebe, die im Besitz der Selbstverwaltung sind, sind tatsächlich Kooperativen.

In Kobanê erklärt der Agraringenieur Abdurrahman Xelil:
Kobanê ist ländlicher als Cizîr. Hier sind alle Kooperativen landwirtschaftlich ausgerichtet. Wir planen Produktionskooperativen, aber wir brauchen Zeit.
Die Kooperativen in Kobanê haben 211 Mitglieder und besetzen 500 Hektar Land. Sie bauen Weizen, Mais und Kreuzkümmel an, und sie kultivieren Pistazien- und Olivenbäume.

Die Gründung einer Kooperative muss von mindestens fünf Personen vorschlagen werden. Wenn die Selbstverwaltung den Vorschlag annimmt, stellt sie Land zur Verfügung.
Sobald Geld hereinkommt, gehen 10 Prozent an die Kooperative, 10 Prozent an die Selbstverwaltung und 80 Prozent an die Arbeiter*innen als Einkommen.
Wir wissen, dass es bei Kooperativen um eine solidarische Ökonomie geht.

# Aus dem Kooperativenvertrag, veröffentlicht vom Kooperativenkomitee am 17. August 2016

Die Kooperativen sind ihren Kommunen gegenüber durch Wirtschaftskomitees verantwortlich, die sie regulieren können. Die Mitgliederversammlungen der Kooperativen treten alle sechs Monate zusammen …
… um demokratisch über die Produktionsstrategie, Arbeitsteilung, Regeln und Methoden zu entscheiden.

Die Mitglieder der Kooperative wählen einen Vorstand, der vorläufige Entscheidungen trifft. Die Vorstandsmitglieder sind gegenüber der Versammlung rechenschaftspflichtig und können abberufen werden.
Der Vorstand legt der Mitgliederversammlung der Kooperative alle sechs Monate einen Bericht über seine Tätigkeiten vor.

Das Kooperativensystem verbietet Märkte auf der Grundlage von Monopol, Gewinn, Spekulation und Ungleichheit.
Kooperativen, Gemeinschaften, Dörfer, Bezirke, Regionen oder Kantone können gemeinsam Märkte schaffen. Märkte werden kooperativ durch die beteiligten Menschen und Regionen aufgebaut.

Im Jahr 2016 wurde die Rojava-Universität gegründet, um den Studierenden die praktischen und beruflichen Fähigkeiten zu vermitteln, die zur Stärkung der Gesellschaft notwendig sind.
Massoud Mohammad, stellvertretender Ko-Vorsitzender der Universität:
Wir bieten Programme in den Bereichen Agrartechnik, Petrochemie, Finanzen und Management an.
Precipitation
Transpiration
Evaporation
Wir bieten auch Programme in kurdischer Sprache und Literatur, Erziehung, bildender Kunst und Jineolojî an.
Das Kollegium besteht aus 150 Lehrer*innen. Wir haben fast eintausend Student*innen.

Anfangs waren die Programme an der Rojava-Universität auf zwei Jahre angelegt – wir haben uns beeilt, weil die Gesellschaft sofort ausgebildete Leute brauchte. Der erste Jahrgang hat 2018 seinen Abschluss gemacht.
Von nun an werden die Programme jedoch vier Jahre dauern.
Ungeachtet der anhaltenden Bedrohungen durch die Türkei, das Regime und den IS arbeiten sie weiter daran, eine lebensfähige Gesellschaft zu schaffen.
Wir bewerten die Student*innen nicht nach dem Maßstab »bestanden/nicht bestanden«. Wir bewerten sie nach ihren Fähigkeiten.
Auf diese Weise können auch diejenigen, die nicht auf die übliche Weise bestehen, einen Arbeitsplatz finden.
Massoud, hat die Gesellschaft den Absolvent*innen Arbeitsplätze anzubieten?
Es gibt mehr Arbeitsplätze als Menschen, die sie besetzen können.

# Im Aufschwung

# X. Kobanê plus vier Jahre

Am 5. Juni 2015 heiratete Rodî Hesen seine geliebte Perwînê, die, wie er, Lehrerin für die kurdische Sprache Kurmancî war.
Ihre Hochzeit feierte die Hoffnung auf die Zukunft.
Rodî hatte lange davon geträumt, eine kurdische Bibliothek in Kobanê zu errichten.
Gemeinsam sammelten er und Perwînê Bücher auf Kurmancî und entwarfen Pläne für die Bibliothek.

Zwanzig Tage nach ihrer Hochzeit fielen mehrere Dutzend IS-Kämpfer, verkleidet als kurdische Sicherheitskräfte, in Kobanê ein, kurz nach Mitternacht.
Im Schatten der Dunkelheit bewegten sie sich durch die Straßen, mit Sturmgewehren und Panzerfäusten.
ASAYIŞ

An diesem Abend waren viele Mitglieder der Familie Hesen gemeinsam zuhause.
Ehmed (der Bruder von Rodî) hörte draußen Lärm und ging auf die Straße, um nach dem Rechten zu sehen.
Der IS erschoss ihn.

Andere Mitglieder der Familie Hesen hörten Schreie und eilten hinaus, um zu helfen. Der IS tötete alle, die nach draußen kamen, einen nach dem anderen. Insgesamt waren es elf.

Drei Tage lang wütete der IS in Kobane und tötete 252 Zivilist*innen. Das Blutbad hatte keinen militärischen Zweck – der IS hatte keine Aussicht auf die Rückeroberung von Kobanê. Das einzige Ziel war es, wahllos Kurd*innen zu ermorden, weil sie Kurd*innen sind.

Zwei der Hesen-Schwestern, Cihan und Bêrîvan, blieben in dieser Nacht im Haus. Sie versteckten sich hinter einer Tür.
Sie wurden Zeuginnen der Morde und sahen das Blut über den Boden fließen. Sie überlebten, aber sind dazu verdammt, mit dieser grausamen Erinnerung zu leben.

Ednan Hesen war zu dieser Zeit nicht zu Hause. Er kehrte nach Kobanê zurück, um viele Mitglieder seiner einst großen Familie dort zu Grabe zu tragen.
An einem einzigen Abend tötete Daesh meinen Bruder Ehmed und seine Frau Rihan Hemo, die frisch verheirateten Rodî und Perwînê, meine Mutter Meryem, meine Schwester Gulistan, meinen Onkel, die Frau meines Onkels, meine beiden Cousins ...

## Der Schrei der Morgendämmerung

Von Cihan Hesen
Übersetzt ins Englische von Hesen Elî

In der Dämmerung fielen die Strahlen der Sonne nicht auf die Erde
und die ganze Welt wurde still
In dieser Stille verabschiedete sich das Leben von allen
In dieser Stille warf sich der Tod in jedermanns Umarmung
und streckte seine Hände nach ihren Hälsen aus.
Plötzlich ertönten die Stimmen der Kinder,
und ihr Geschrei durchbrach die Stille.
Es ist verflucht!
Es ist verflucht, und das Unheil ging um die Welt,
und der größte Schaden traf meine Mutter.
Die Türen des Überlebens wurden in allen Häusern geschlossen
Der Tod begann, Abschiedsmusik zu spielen,
Und ohne danach zu fragen, wer sie waren, begann er, ihre Körper zu fressen.
In diesem Moment war das Schicksal verloren,
denn Gott schlief während des Morgengebets.
Menschen jeden Alters wurden vom Leben abgeschnitten und vertrieben.
Keiner hörte die Schreie der anderen,
aber vor Schreck schwiegen alle.
In diesem Moment wusstest du nicht, wer deine Gäste waren oder was vor sich ging!
Es war unbegreiflich und unfassbar
Dass ein und derselbe Gast alle zur gleichen Zeit besuchen würde,
aber wenn der Name dieses Gastes Tod ist,
wurde alles offensichtlich, und das Schreien wurde laut.
Meine Mutter rief nach ihren Kindern, um sie vor dem Tod zu beschützen,
aber sie geriet selbst zwischen die Lippen des Todes,
und mein Vater umarmte sie und meine Brüder
und ihn!
Sie wurden in Stücke gerissen.
Die frisch Verliebten
wurden dort zurückgelassen
und teilen nun ihre Liebe im Grab.
Die Dämmerung wurde zur Nacht
und alle wurden blind,
und die Dunkelheit des Lebens
begann in diesem Moment.
Die Morgendämmerung schrie,
aber niemand hörte auf sie,
und niemand antwortete ihr.
Die Morgendämmerung kam.
Aber die Heilmittel ließen niemanden am Leben teilhaben.
Am 25. Juni verließen sie uns alle,
und wir begannen ein Leben ohne Heimkehr

Nach dem Massaker vom 25. Juni entschlossen sich die Einwohner*innen von Kobanê:
So etwas darf nie wieder geschehen.
Wir werden nur überleben, wenn wir zusammenhalten.
Es ist die Aufgabe eines jeden von uns, allen anderen zu dienen.
Auf der Straße bildete jede Kommune eine Einheit der Verteidigungskräfte, die HPC*, sowie eine Fraueneinheit, die HPC-Jin.
* Hêzên Parastina Cewheri
Die Kommunen in Kobanê - und im gesamten Nordosten - bewaffneten sich und bildeten so schnell wie möglich Freiwillige für die HPC aus. Viele von ihnen sind älter, zu alt für den Dienst in der YPG oder YPJ.
Die HPC patrouillieren in der Nacht.
Sie stehen an Kreuzungen und kontrollieren jedes unbekannte Auto auf der Durchfahrt.
Wenn jemand, den die Freiwilligen der HPC nicht kennen, vorfährt, oder wenn ein Auto ein fremdes Kennzeichen hat, stellen sie Fragen. Wenn der Fahrer verdächtig erscheint, melden die HPC dies ihren Kommandant*innen.

Wir bewegen uns nachts in der Stadt. Wir haben 60 Kontrollpunkte. Jede Stunde ziehen wir an einen anderen Standort.
Manchmal bleiben wir bis zum Morgengrauen hier draußen.
Wir alle müssen unsere Heimat gemeinsam verteidigen.
Osman
Muhammad Taiphir
Ich besuchte die Hêvî-Schule für Kinder mit Behinderungen, die sowohl körperlich als auch psychisch leiden.
Eine Schulleiterin:
Einige der Kinder schreien in der Nacht. Andere haben Angst davor, in einem Zimmer allein zu sein.
Ich bin sicher, dass es auch vielen Erwachsenen so geht.

Dennoch war Kobanê im April 2019 auf dem besten Weg, wiederaufgebaut zu werden.

Freund*innen können essen gehen, in Restaurants wie Kendi, in der Innenstadt. Übrigens: Das Kendi wurde vom IS zweimal zerstört und der*die Besitzer*in hat es zweimal wiederaufgebaut.

Auf dem Miştenur-Hügel, der Kobanê vom Süden aus überragt, hat sich die erste Märtyrerin der Schlacht, Arîn Mirkan, geopfert.
Jetzt ist er friedlich.

An einem Kreisverkehr im Stadtzentrum steht eine Statue in Erinnerung an Arîn Mirkan – und den Sieg der SDF über den IS in Kobanê.

Ednan, wie haben sich die Dinge in Kobanê seit der Belagerung und dem Massaker verändert?
Wenn man früher vor die Tür ging, wusste man nicht, ob man lebend zurückkommen würde. Jetzt habe ich als Kurde Rechte. Wir sind Menschen. Frauen haben Rechte genauso wie Männer.
Meine Schwester Cihan und ich haben den ersten Stock im Haus unserer Familie, in dem das Massaker stattfand, in eine kurdische Bibliothek verwandelt.
PIRTÛKXANEYA RODÎ Û PERWÎNÊ
xewnên me jiyan bikin
û
ji jiyane hez bilin
Ich habe sie nach Rodî und Perwîn benannt, weil damit ihr Traum in Erfüllung geht. Sieh dir ihr Foto auf dem Schild draußen an. Sie sagen: »Lebe deinen Traum«.
Die Bibliothek wurde am 9. Mai 2016 eröffnet.
Ich habe die Bücher benutzt, die Rodî aus Istanbul hergebracht hat. Freund*innen in Amed haben noch weitere geschickt.
Es ist keine Leihbibliothek, aber es gibt einen Lesesaal, der für die Öffentlichkeit zugänglich ist.

Einige Bücher sind auf Arabisch und Türkisch, aber die meisten sind auf Kurdisch. Wir haben eine Menge Geschichtsbücher, Bücher über Recht, Poesie und Sprachunterricht.
Wir haben kurdische Überset-zungen von Victor Hugo, Gabriel García Márquez, Shakespeares »Sommernachts-traum« und »Don Quijote« von Cervantes.

Helfen dir Bücher bei der psychischen Bewältigung des Traumas?
Nach dem Massaker habe ich versucht, meine Gefühle in Worte zu fassen. Ich habe meinen Schmerz aufgeschrieben. Man braucht einen Bezug zur Literatur, um eine Tragödie zu überwinden.
Es ist schmerzhaft für mich, über die Morde zu sprechen, aber ich muss es tun, damit die Menschen wissen, was passiert ist.

Ednans Schwester Cihan Hesen hat einen Gedichtband mit dem Titel »Zwischen Nacht und Sonnenaufgang« geschrieben, wobei der Sonnenaufgang das Ende des IS meint. Es wurde von einem neuen kurdischen Verlag in Qamişlo veröffentlicht.
DI NAVBER SEV UBERBANGE DE
CÎHAN HESEN
Als ich Cihan und Ednan im April 2019 kennenlernte, hatten sie beide gerade geheiratet. Die beiden frisch verheirateten Paare schienen hoffnungsvoll in die Zukunft zu blicken, wussten aber auch, dass sie eines Tages dabei helfen müssten, ihr Land und ihr Volk gegen eine türkische Invasion zu verteidigen.

Neben der Leitung der Bibliothek unterrichtet Ednan auch kurdische Sprache und Literatur an der Universität Kobanê.
An der Wand des Klassenzimmers hängt ein Foto ...
Das ist Celadet Bedirxan, ein kurdischer Schriftsteller. Er träumte davon, dass eines Tages an einer Universität kurdische Sprachen gelehrt würden.
Celadet Bedirxan gab zwischen 1932 und 1945 die erste kurdische Literaturzeitschrift in Syrien heraus, sie hieß »Hawar« (Hilferuf).
Er schuf ein lateinisches Alphabet für die kurdische Sprache Kurmancî, mit 31 Buchstaben. Es ist bekannt als das Hawar-Alphabet.
Ich sehe ein Buch von Bedirxan in deinem Regal. Es heißt »Hawar«.
Dieses Buch ist die Grundlage für die heutige kurdische Sprache.

# »Unser Blut vermischte sich«

Einige in Kobanê sagen, dass es ihnen gut geht, jetzt wo der IS besiegt ist.
Das Leben ist jetzt gut, und ich hoffe es bleibt so.
Lezgîn Abbas, in einem Stadtpark
Es gibt viel zu tun beim Wiederaufbau der Stadt.
Ein Bauarbeiter
Was sind die Schwierigkeiten?
Unsere Stadt wurde befreit, Daesh wurde besiegt. Dann kam das Massaker. Aber das Leben ist besser geworden. Im Vergleich zu den Menschen, die in Gebieten des Regimes leben, sind wir hier viel glücklicher. Ich möchte, dass das so bleibt.
Die Türkei hat Afrîn besetzt. Unser Volk tut sich schwer damit. Die türkische Bedrohung ist real.
Mazlum, ein Automechaniker
Und der Wechselkurs, Dollar gegen syrische Lira. Deshalb sind Autoteile teuer.
Wir hoffen, dass die Koalition uns bei der Lösung dieser Probleme unterstützt, denn niemand hier ist uns Kurd*innen freundlich gesinnt.
2016 war ein US-Dollar etwa 200 syrische Lira wert; im April 2019 ist ein Dollar über 500 syrische Lira wert.

Zwei Kleinunternehmer in Kobanê erzählten uns, dass die internationale Abschottung des Nordostens zu wirtschaftlichen Problemen führt
Xalid und Arif besitzen eine Schlosserei in Kobanê

Unsere Währung, die syrische Lira, ist stark inflationär. Das führt dazu, dass das Material sehr teuer ist.
Wir verkaufen ein Schloss für 50$, dass aus diesem Produkt hergestellt wird. Früher kostete es uns 11$, jetzt sind es 40$.

Zement kostete früher 1.800 syrische Lira, jetzt sind es 2.400. Alle Preise gehen hoch.
Alles ist teuer, weil wir keinen freien Handel mit anderen Ländern haben, also läuft es über den Dollar.
Wenn der Dollar steigt, fällt die syrische Lira. Materialien aus dem Regime oder aus der Türkei werden besteuert.

Die Grenze zur Türkei ist geschlossen. Wir können nicht einmal Material von dort besorgen.
Wir brauchen Investitionen. Wir hoffen, dass irgendein Land zukünftig in unsere Projekte investieren kann.

Was für Projekte?
Fabriken, Metalle, Kleidung. Wir können nicht einmal einen Nagel produzieren!
Wir sind ein landwirtschaftliches Land. Wir brauchen Wasserprojekte, aber es gibt keine am Euphrat.

Warum investiert niemand von außerhalb?
Die Bedrohung durch die Türkei destabilisiert die Region. Die Menschen fürchten sich vor Erdoğan, weil er Afrîn besetzt hat. Alle wissen, dass wir uns bald im Krieg befinden könnten.
Also sind keine Investitionen von außerhalb in Aussicht. Tatsächlich führt die türkische Bedrohung dazu, dass Menschen sich von Kobanê abwenden.

Die Menschen in Kobanê wissen, dass das, was in Afrîn passiert ist, auch ihnen passieren könnte. Aus diesem Grund demonstrieren sie mit großer Bestimmtheit gegen die türkische Besatzung von Afrîn.

# XI. Afrîn

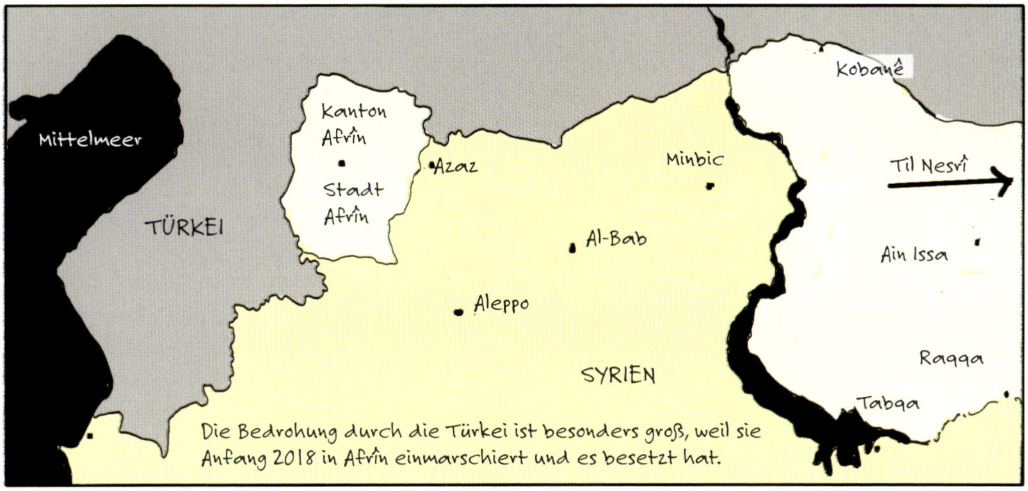
Mittelmeer
TÜRKEI
Kanton Afrîn
Stadt Afrîn
Azaz
Minbic
Kobanê
Til Nesrî
Al-Bab
Ain Issa
Aleppo
SYRIEN
Raqqa
Tabqa
Die Bedrohung durch die Türkei ist besonders groß, weil sie Anfang 2018 in Afrîn einmarschiert und es besetzt hat.

In Til Nesrî erzählten uns einige Geflüchtete aus Afrîn, was dort geschah, und erzählten uns ihre Geschichten.

Ahlam Omer ist Ko-Vorsitzende des Afrîn-Rats in Til Nesrî.
Ich lebte in Mabeta, einer Ortschaft im Zentrum von Afrîn, in einem Haus mit meiner Mutter, meinem Ehemann und unseren Kindern.
Nach 2012 begannen wir mit unserem neuen demokratischen System. Afrîn blühte auf. Endlich konnten wir Kurd*innen Kurdisch sprechen.
Erdoğan bedrohte und attackierte uns, er sagte: »Nächsten Freitag essen wir in Afrîn zu Abend.«

Dann, am 20. Januar 2018, um 4:30 Uhr morgens:
Türkische Flugzeuge begannen, unsere Dörfer an der Grenze zu bombardieren. Es dauerte den ganzen Tag an, bis 21:30 Uhr. Alle in diesen Dörfern suchten Schutz in Kellern.
Die Bombardierung wurde 58 Tage fortgesetzt. Flugzeuge flogen über uns, rund um die Uhr, 58 Tage lang.
Einige flüchteten sich in Höhlen.
Nach 3 oder 4 Tagen intensiver Bombardierung flohen Wellen von Zivilist*innen aus den Grenzdörfern. Viele kamen zu uns. Wir hatten Keller vorbereitet, in denen sie Unterschlupf finden konnten.
Frauen und Kinder blieben bei uns, während Väter und Ehemänner sich den YPG anschlossen und an der Front kämpften.

Die Telefonverbindungen waren gekappt. Wir konnten nicht schlafen, weil wir Angst davor hatten, was als nächstes passieren würde.
Die Türkei behauptete, sie würde nur auf militärische Fahrzeuge und Stützpunkte zielen. Aber ihre Flugzeuge bombardierten alles, was sich bewegte. Schwangere Frauen hatten Fehlgeburten. Mein Sohn Kawa wurde traumatisiert.

In meinem Dorf, Kathrin, bewachten einige junge Männer als HPC die Ränder des Dorfes. Sie wussten nicht, dass sie von türkischen Drohnen beobachtet wurden. Am Morgen gingen die Jugendlichen ins Dorfzentrum, wo sie von türkischen Luftangriffen getroffen wurden.
Einige wurden getötet, andere verloren ihre Beine. Stell dir vor, ein Luftangriff inmitten eines Dorfes! Es war furchtbar.
Ehmet ist Ko-Vorsitzender der Dorfgemeinschaft von Til Nesrî

Wenn man zwanzig ist, muss man seine Gesellschaft verteidigen – es geht um die Verteidigung der eigenen Zukunft.
Also griffen junge Leute zu den Waffen und gingen an die Front, aber auch mittelalte Männer.
Jede Familie hatte Mitglieder in der YPG oder YPJ. Meine Tochter ist eine YPJ-Kämpferin. Mein Sohn ist in der YPG.
Einige Frauen bereiteten Essen zu und verteilten es an die Kämpfer*innen an der Front.

10. März 2018
Dann griffen von der Türkei unterstützte Kräfte die Gebiete um die Stadt Afrîn an. Neben der Bombardierung feuerten sie auch Raketen ab.
Einige Zivilist*innen flohen, aber die Türkei und die Dschihadisten verkündeten über die Medien: »Ruft eure Familien an und sagt ihnen, sie sollen nach Hause kommen. Wir sind hier, um euch gegen die YPG-Terroristen zu schützen.«
Als Erdoğan sagte: »Kommt zurück, wir werden uns um euch kümmern«, kehrten einige zurück.
Die von der Türkei unterstützten Kräfte öffneten ihnen die Türen und versorgten sie mit Lebensmitteln. Die Menschen riefen ihre Familien an und sagten, es sei sicher, und so kamen mehr Menschen zurück.
Doch dann hielt die Türkei sie an Kontrollpunkten an und hielt sie fest: »Afrin ist voller Minen. Bleibt hier, während wir sie beseitigen. Das wird einen Monat dauern.«
Aber es gab keine Minen. In diesem Monat ließ die Türkei Araber*innen aus Ghouta und anderen Orten in den Häusern der Kurd*innen wohnen.
Die von der Türkei unterstützten Truppen machten den Kurd*innen in ihren Häusern das Leben schwer. Ich kam nicht an meine Olivenbäume heran. Oder wir mussten ihnen von 50 Einheiten Olivenöl 40 abgeben.
Die Türkei hat alle wirtschaftlichen Ressourcen an sich gerissen.
Als dann mehr Menschen versuchten in ihre Häuser zurückzukehren, sagten die Türken: »Zeigt uns eure Besitzurkunde«. Aber sie hatten sie nicht, weil sie in aller Eile gegangen waren.
Muhammad, ein Flüchtling aus Afrîn in Til Nesrî

Sie vergewaltigten Frauen und entführten Kinder. Sie beschuldigten dich, der Selbstverwaltung anzugehören, folterten dich, und ließen dich gehen.
Sie trennten Frauen und Männer. Viele Menschen werden noch immer vermisst, sogar ganze Familien. Wie mein Sohn und meine Tochter.
Dann griffen die Invasoren Häuser an. Wenn sie in einem Haus ein Foto von Öcalan fanden, war das eine Rechtfertigung dafür, es zu plündern und zu verbrennen.
Sie zerstörten Häuser und entfernten den Schutt und den Stahl, um diesen in der Türkei zu verkaufen.
Wenn sie deinen jungen Nachbarn töten wollten, folterten sie dich, bis du ihnen Informationen gabst, und dann gingen sie los, um den Nachbarn zu töten.
Wenn du ein Foto von jemandem auf deinem Handy hattest, wurde diese Person getötet, da es sich bestimmt um YPG-Kämpfer*innen handeln musste.
Sie sagten, die YPG seien Terroristen, aber die YPG beschützte uns und gab uns das Gefühl, Mensch zu sein.
Ghazala, eine weitere Geflüchtete aus Afrîn, jetzt in Til Nesrî

58 Tage lang haben wir fast jeden Tag Kämpfer*innen beerdigt. Im Krankenhaus von Afrîn war der Boden überströmt vom Blut unserer Kämpfer*innen.
Die Ärzt*innen waren an der Front, also unterstützten Zivilist*innen das Krankenhauspersonal.
Wenn ein YPG- oder YPJ-Kämpfer an der Front gefallen ist, konnten die Menschen die Leichen nicht bergen.
Die Türkei kämpfte nicht nur gegen die YPG und die YPJ. Sie versuchte, die Kurd*innen zu vernichten.
Die Milizen, die zum Kämpfen nach Afrin kamen, sagten: »Kurden sind wie Tiere, wir sollten sie köpfen und foltern.« Und warum? Weil die Menschen unsere Selbstverwaltung mochten.
Am 16. März hat die YPG uns geraten, die Stadt Afrîn zu verlassen.
Zwei Tage später zogen sich die YPG und die YPJ aus der Stadt zurück. Die dschihadistischen Verbündeten der Türkei besetzten sie.

Hunderttausende
Kurd*innen flohen.

Ein Mann, der nicht mehr anhalten konnte, um seinen Sohn am Straßenrand zu begraben, legte einfach eine Decke über ihn und ließ ihn dort liegen.
Wir hatten keine Autos, also gingen wir zu Fuß nach Şehba. Wir hatten keine Unterkunft, wir schliefen unter freiem Himmel, am Straßenrand.
Selbst Tiere hätten einen Unterschlupf gehabt.
Tausende sind jetzt noch immer im Şehba-Camp. Sie sind stolz, sie haben ihre Würde.
Wir Menschen aus Afrîn gehen nicht nach Europa. Wir bleiben vor Ort und warten auf die Rückkehr.

Muhammad Mustafa Hamur, aus Afrin

Sultana Ahmed, aus dem Dorf Bibaqa, im Bezirk Bulbul

Als ich beim Ausweisbüro ankam, zeigte ich einem Beamten die Fotos auf meinem Handy.
Ich brauche Ausweise für diese Männer.
Der Mann auf dem Foto ist in der YPG. Er wird gesucht. Wo ist er?
Nein! Das ist mein Schwieger-sohn!

Ich schaffte es irgendwie, an die Ausweise zu kommen und ging dann nach Hause und warnte meine Familie.
Meine Lieben, wir müssen Afrîn verlassen.
Wir haben Schmuggler arrangiert, die uns rausbringen sollten. Acht Menschen für 350.000 syrische Lira.

Am letzten Kontrollpunkt zogen sie meinen Schwiegersohn aus dem Auto.
Du bist bei der YPG!
Nein, bin ich nicht! Du hast meinen Ausweis!
Dieses Dokument ist gefälscht.
Nein, es ist echt, ich habe es in der Stadt für ihn besorgt.
Durchsucht sie!
Sie fanden nichts. Wir konnten endlich aus Afrîn raus und kamen hier nach Til Nesrî.

Ghazala Abdul Majed, aus Jilbra, im Südosten von Afrin

Schließlich bezahlte mein Schwager jemanden und wir gingen ins Dorf.
Wir fanden dort nichts. Unsere Häuser waren geplündert, alles wurde gestohlen.

Irgendwann später ging ich in die Stadt Afrîn. Es war jetzt ein anderer Ort — andere Menschen, Fremde, Milizen, Zerstörung, alles. Eine andere Kultur. Nicht einmal Männer konnten dort aus dem Haus gehen.

Ich wusste, dass wir Afrîn verlassen mussten. Ein Milizionär sagte, sie würden mich für 100.000 mitnehmen. Ich hatte das Geld nicht, aber meine Schwägerin gab es mir.
Er schmuggelte mich durch Cerablus und Minbic.

# Kurd*innen in einem assyrischen Dorf

Wir haben in der alten Sporthalle Licht und einen Generator installiert und wollen die Fenster reparieren. Wir wollen jetzt jedes Haus im Dorf instand setzen, bevor wir nach Afrîn zurückkehren.

Es gab hier noch vier christliche Familien.
Wir haben keine religiösen Streitigkeiten mit ihnen. Wir leben zusammen, ohne Probleme.

Es gibt viele Ähnlichkeiten zwischen der assyrischen Kultur und unserer, etwa das Pflanzen von Bäumen und die landwirtschaftliche Arbeit.
Wir erklärten ihnen, dass Olivenbäume Zuwendung brauchen. Man muss sie jedes Jahr stutzen.
Einige Assyrer*innen sagten: »Die Kurd*innen besetzen unser Dorf.« Aber wir wollen es teilen, auf Augenhöhe. Wir laden die ursprünglichen Bewohner*innen ein, zurückkehren.
Wir sendeten Nachrichten an geflohene Assyrer*innen und sagten ihnen, dass wir auf ihr Dorf aufpassen.
before
Der Garten ist jetzt sehr viel schöner.
Unsere Botschaft an Assyrer*innen in Europa: teilt euer Leben hier mit uns. Wir pflanzen zusammen Bäume.
Ihre Haltung zu uns ändert sich, jetzt wo sie wissen, dass wir sie willkommen heißen.

Wir teilen Fotos und Ideen mit ihnen.
Wir sind in Kontakt mit einem Mann, der ein Restaurant besaß. Wir haben es wieder-aufgebaut und ihm Videos geschickt.
Er war glücklich und sagte, er würde zurückkommen, wenn er könnte. »Denkt niemals, dass ich euch rausschmeißen werde«, sagte er uns.
Sami, ein Christ, wollte einen Dorfplatz an der Kreuzung errichten.
Also bauten wir einen und pflanzten Blumen darauf. Und in der Mitte steht ein Olivenbaum. Unsere Kulturen kommen sich näher.
Wir gestalten jetzt das Zusammenleben für die Zeit nach unserer Rückkehr nach Afrîn.
Unser Freund Sami sagt,
Wir möchten nicht, dass ihr nach Afrîn zurückkehrt. Wir möchten, dass ihr hier bleibt!
Ah, Sami, du kannst mit uns kommen!

Wie geht es euch jetzt?
Ich kann nicht schlafen. Ich habe Angst vor einem Klopfen an meiner Tür. Ich habe Angst, dass sie mich töten werden.
Ich muss wissen, wo meine Tochter ist. Sie ist bei der YPJ.
Wir alle möchten in unsere Heimat zurück. Wir möchten Wertschätzung und Würdigung für unsere Gefallenen.
Muhammad
Ahlam
Sultana
Wenn wir versuchen, Menschen in Afrin anzurufen, klappt es nicht. Sie kappten die Verbindung über SyriaTel. Um mit jemandem in Afrin zu sprechen, müssten wir also ein türkisches Netz benutzen,
und sie würden uns natürlich abhören. Wir können also praktisch keinen Kontakt mit Afrin aufnehmen.
Meine Dorf Jilbra ist jetzt ein Militärstützpunkt.
Ghazala, woher nimmst du die Kraft, um durch den Tag zu kommen?
Ich sehe Afrin in den Augen der YPG- und YPJ-Kämpfer*innen. Ich finde darin meine eigene Stärke.
Und ich glaube an Allah.
Ghazala

Worte vermögen nicht auszudrücken, was wir gesehen und gefühlt haben. Wir können es mit euch teilen, indem wir mit euch sprechen, aber wenn ihr es nicht gesehen habt, könnt ihr diese Gefühle nicht nachvollziehen.
In Afrîn haben wir einen Baum gepflanzt und ihn das ganze Jahr über gehegt und gepflegt, viele Jahre lang. Schließlich war unser Baum fast soweit, Früchte zu tragen. Dann hat Erdoğan ihn an sich gerissen.
AFRI
Kurd*innen bringen Opfer und kämpfen. Aber selbst wenn wir andere verteidigen, erhalten wir am Ende keine Anerkennung.
Daesh bedrohte Europa und die Vereinigten Staaten. Wir haben in Syrien für die ganze Welt gekämpft, aber dann hat die Türkei die Grenze überschritten und unseren Kanton in Besitz genommen.
Erdoğan hat Angst vor uns, denn Afrîn war der Ort, an dem die Saat der Freiheit zu wachsen begann.
Wir wollen zusammenleben in einer multiethnischen Demokratie innerhalb der Selbstverwaltung.
Jetzt hat die Koalition die moralische Pflicht, uns zu verteidigen, uns zu unterstützen. Mit einem einzigen Anruf könnte die britische oder französische Regierung Erdoğan auffordern, Afrîn zu verlassen. Oder sie könnten auf eine Flugverbotszone hinwirken.

Tausende unserer Leute sind bei den Kämpfen in Afrîn ums Leben gekommen.
Aber wir verspüren keine Reue. Wir wissen, dass sie ihre Heimat verteidigt haben. Afrîn ist mit dem Blut unserer Leute beseelt.
Es mag zehn Jahre dauern, aber wir werden zurückkehren. Selbst wenn wir allein kämpfen, werden wir kämpfen, bis wir in unsere Heimat zurückkehren.
All dies ist geschehen, weil wir Kurd*innen sind. Denn alle Staaten wollen die Kurd*innen vernichten, nicht nur in Afrîn, sondern überall.
Aber wir werden als Kurd*innen weiterleben, auch wenn sie uns vernichten wollen. Und wir werden bis zum Ende Widerstand leisten.
Unser Widerstand geht auf Öcalan zurück. Ein Zitat von ihm: »Wir haben keine Angst vor Blut. Wir haben Angst, wenn unser Blut aufhört zu fließen«.
Wo immer andere Menschen heimatlos sind und unterdrückt werden, werden wir sie verteidigen.

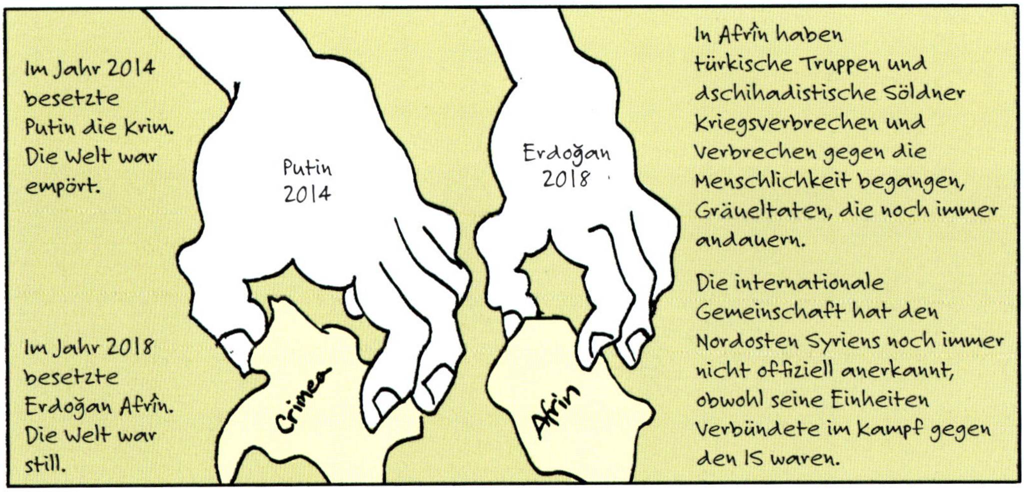
Im Jahr 2014 besetzte Putin die Krim. Die Welt war empört.
Putin 2014
Erdoğan 2018
Crimea
Afrin
Im Jahr 2018 besetzte Erdoğan Afrîn. Die Welt war still.
In Afrîn haben türkische Truppen und dschihadistische Söldner Kriegsverbrechen und Verbrechen gegen die Menschlichkeit begangen, Gräueltaten, die noch immer andauern.
Die internationale Gemeinschaft hat den Nordosten Syriens noch immer nicht offiziell anerkannt, obwohl seine Einheiten Verbündete im Kampf gegen den IS waren.

Viele Kurd*innen, die wir trafen, hegten eine tiefe Trauer, die sich in Wut entladen kann. Auf dem Friedhof der Gefallenen von Dêrik trafen wir Pîroz Sabri Hamo beim Grab ihres gefallenen Sohnes Raman.
Wir haben all diese Opfer gebracht, doch die Welt schenkt uns keine Beachtung.
Apo sitzt seit 20 Jahren im Gefängnis, Afrîn ist besetzt und die Welt sagt nichts.
Wir haben für die Menschheit und für unser Volk Opfer gebracht. Jetzt muss die Welt entsprechend handeln.

Eine HPC-Nachtpatrouille in Kobanê erklärte ...
Wir Kurd*innen sollten Rechte haben!
Warum werden unsere Rechte nicht anerkannt? In Kobanê wurden Menschen getötet und niemanden interessiert es. Warum?
Warum haben nur Kurd*innen keine Rechte? Warum sind all die Staaten um uns herum Feinde?
Ranya Muhmed, Mitglied des regionalen Rats in Qamişlo:
Wir fordern nur unsere Rechte, nicht mehr. In unserer Gesellschaft leben Kurd*innen, Araber*innen, Christ*innen und andere zusammen.
Wir möchten Rechte haben so wie alle anderen. Wir sorgen uns um die Menschheit, nicht nur um Kurd*innen.
Wir sammeln Gelder für alle, die von der Flut im Iran betroffen sind, nicht nur für Kurd*innen. Die Selbstverwaltung sollte jetzt anerkannt werden.
Shamsa, auch bei der HPC-Patrouille in Kobanê:
Wir Kurd*innen teilen mit Araber*innen. Jetzt appellieren wir an andere Nationen, uns Kurd*innen zu helfen.
Wir möchten, dass alle Länder dabei helfen, dass die Geflüchteten nach Afrîn zurückkehren können. Wir fordern die europäischen Länder dazu auf, den Menschen von Afrîn zu helfen.

# XII. Sicherheit

Ossama, die Filmemacher und ich fahren an der türkischen Grenze entlang von Ost nach West. Unsere Route führt an der Mauer vorbei, die Erdoğan dort gebaut hat.
Die Türkei hat keine Mauer entlang ihrer Grenze zu anderen Teilen Syriens gebaut. Nur zum Nordosten. Das sagt schon etwas aus.
Eine Mauer wird gebaut, um die Menschen hinter der Mauer vor den Menschen auf der anderen Seite zu schützen.
Aber die Menschen im Nordosten stellen keine Bedrohung für die Türkei dar.
Die Kurd*innen sind keine Bedrohung für die Türkei. In all den Jahren der Revolution haben wir nicht eine einzige Kugel auf die Türkei geschossen.
Ehmet aus Afrîn
Wir haben die Türkei nie angegriffen, aber die Türkei hat uns in Afrîn angegriffen.

Tatsächlich hat der türkische Geheimdienst vor dem Einmarsch in Afrîn einige grenznahe Gebiete innerhalb der Türkei bombardiert, um es so aussehen zu lassen, als hätten die Kurd*innen zuerst zugeschlagen. Um der Türkei einen Vorwand für die Invasion zu liefern.

Jetzt spricht Erdoğan mit der Koalition über die Einrichtung einer »sicheren Zone«.
Sie würde sich bis zu 50 bis 65 Kilometer tief in unser Land erstrecken, angeblich zum Schutz und zur Verteidigung der Türkei.
Wenn Erdoğan eine Sicherheitszone will, sollte er sie in seinem eigenen Land einrichten.
Turkey
My SAFe ZONE

Und wenn er ein Problem mit dem kurdischen Volk hat, sollte er das Problem im eigenen Land lösen.
Er sollte den 20 Millionen Kurd*innen und anderen Ethnien innerhalb seiner Grenzen ihre kulturellen Rechte und Menschenrechte zuerkennen.

Aus der Geschichte wissen wir, dass die Türkei Völkermorde an Armenier*innen, Assyrer*innen, Griech*innen und Kurd*innen begangen hat.
Jetzt versucht die Türkei, auch die dort lebenden Araber*innen zu türkisieren.
Ziyad, beim Mala Êzidiyan in Amûdê

Das widerspricht unserem Weg, der pluralistisch und friedlich ist.

Die meisten Menschen wollen die ausgrenzende Ideologie von Erdoğan nicht mehr.
Sie wollen in einem gemeinschaftlichen System leben und gemeinsam eine neue Zukunft aufbauen.
Die Bedrohung für uns ist real, aber unser System kann nicht zerstört werden.

Was wollen die Kurd*innen in Syrien?
Einige, mit denen wir sprachen, wollen, dass die vier Teile Kurdistans sich zu einem Nationalstaat vereinen.
Ich wünschte, der Nordosten könnte sich von Syrien trennen und sich mit den anderen kurdischen Regionen zusammenschließen.
Es sollte ein Großes Kurdistan geben.
Muhammad, in Kobanê
Aber die Ideologie, auf welcher der Nordosten gründet, fordert keinen separaten Nationalstaat ein.
Die meisten Menschen, mit denen wir sprachen, wollten etwas anderes.
Wir wollen die Demokratische Nation.

Demokratische Nation würde bedeuten, dass die Baath-Diktatur durch eine dezentrale Selbstverwaltung in ganz Syrien ersetzt wird.
Jede der demokratischen Regionen Syriens hätte dann ein bestimmtes Maß an Autonomie.
Wir möchten eine demokratische Nation für Syrien.
Nabo
Aber die bestehenden Grenzen Syriens würden bestehen bleiben.
All unsere Programme orientieren sich in Richtung einer Demokratischen Nation.
Yekbûn
Das Konzept der Demokratischen Nation wurde von Abdullah Öcalan formuliert.
»Öcalan ist der wichtigste Kurde. Er opferte sich für unsere Rechte.« —Ednan Hesen
»Öcalan steht für alle kurdischen Menschen im Nahen Osten. Er ist ein Friedensstifter, für uns und für die Region.« —Arif

# XIII. Soziale Ökologie

Menschen unterschiedlicher politischer Überzeugungen debattieren besonnen über kommunale Angelegenheiten und stimmen dann darüber ab. Da die Versammlungen Teil der Regierung sind, sind ihre Entscheidungen rechtlich bindend.

Bookchin und ich besuchten jedes Jahr town meetings und lauschten der wundervollen Musik der Selbstverwaltung des Volkes.

Bookchin war der Meinung, dass die Befugnisse der town meetings ausgeweitet werden sollten und dass sie häufig zusammentreten sollten …
… und dass sie überall eingerichtet werden sollten, so dass sie die Regierung einer ganzen Gesellschaft gleichkämen – eine Selbstverwaltung der Bürger*innen.

Aber Städte sind kleine geografische Einheiten. Wie könnte eine partizipatorische Demokratie jemals in einer großen Region wie New England existieren, geschweige denn in einem ganzen Land?
Bookchin hatte eine spanische anarcho-syndikalistische Gewerkschaft des 20. Jahrhunderts genauer studiert, die CNT (Confederación Nacional del Trabajo).
Sie war als Konföderation strukturiert, so dass die Macht von unten nach oben strömte.

In der CNT wählten die örtlichen Versammlungen Delegierte, die in den Stadtrat entsandt wurden.
Mehrere Städte wählten Delegierte für einen Bezirksrat.
Mehrere Bezirke wählten Delegierte für einen Regionalrat, und so weiter.

Alle Delegierten hatten ein Mandat und konnten abberufen werden. Ihre Aufgabe war es, die Wünsche der Versammlung, die sie gewählt hatte, zu übermitteln.
Auf diese Weise war die CNT bestrebt, die Macht von der Basis aus aufwärts fließen zu lassen, auch über große geografische Gebiete hinweg.

Bookchin passte dieses konföderale Prinzip an seine demokratischen Versammlungen an, so dass die Menschen in Versammlungen Entscheidungen treffen und Delegierte in Räte für immer größere Gebiete entsenden konnten.
Er schrieb mehrere Bücher, in denen er dieses System vorstellte. Die so ermächtigten Menschen würden Entscheidungen treffen, die der Gesellschaft als Ganzes und nicht nur einigen wenigen Privilegierten zugutekämen.
Sein Beitrag zum politischen Denken bestand in der ideologischen Ausgestaltung der Versammlungs-demokratie als Selbstverwaltungs-system, das er als libertären Munizipalismus bezeichnete.
Mit Blick auf die Bedürfnisse der gesamten Gesellschaft würden sie eine neue Gesellschaft vorantreiben, die demokratisch, kooperativ, nicht-hierarchisch und ökologisch ist. Er nannte dies Soziale Ökologie.
Murray versuchte, in Nordamerika und Europa eine entsprechende Bewegung aufzubauen. Sein ganzes Erwachsenenleben lang hielt er unermüdlich Vorträge.
Obwohl viele Menschen mit Interesse zuhörten, entwickelte sich keine nennenswerte Bewegung.
Er starb als enttäuschter Mann im Jahr 2006. Aber wie er oft sagte:
Wenigstens sind meine Bücher da draußen. Wenn die Menschen jemals beschließen, eine demokratische Gesellschaft von unten nach oben aufzubauen, können sie sie lesen und herausfinden, wie sie es tun können.

# Abdullah Öcalan

Dazu gehörten auch Bookchins Schriften in türkischer Übersetzung. Während Öcalan las, regten Murrays Ideen über Demokratie und Ökologie eine neue Richtung für die kurdische Bewegung an.
Die Kurd*innen in der Türkei, in Syrien, im Iran und im Irak könnten sich für lokale Autonomie innerhalb der bestehenden Staatsgrenzen einsetzen. Sie könnten sich durch eine Versammlungsdemokratie und Konföderationen selbst regieren.
Die Entscheidungsprozesse liegen bei den Gemeinschaften. Höhere Ebenen dienen lediglich dazu, den Willen der Gemeinschaften zu koordinieren und umzusetzen.
Öcalan hat Bookchins Programm wesentlich verbessert: Er betonte die zentrale Bedeutung der Frauenbefreiung.
Das Ausmaß, in welchem die Gesellschaft tiefgreifend umgewandelt werden kann, wird durch das Ausmaß der von den Frauen erreichten Transformation bestimmt. Gleichermaßen bestimmt der Grad der Freiheit und Gleichheit der Frau die Freiheit und Gleichheit aller Teile der Gesellschaft.
Öcalan nannte diese Ideologie »Demokratischer Konföderalismus« und schlug sie der PKK vor. Sie diskutierten sie untereinander in ihren Camps in den Bergen.
Aber wie können wir unseren Traum von einem kurdischen Staat aufgeben?
Das Einzige, was Staaten den Kurd*innen antun, ist, uns zu verfolgen!

Im April 2004 versuchten einige englischsprachige Vermittler*innen, einen E-Mail-Dialog zwischen dem inhaftierten Öcalan und Murray in Vermont herzustellen.
Ich betrachte mich als einen guten Schüler Ihrer Ideen.
Ich bin froh, dass Sie meine Bücher hilfreich finden. Bedauerlicherweise bin ich jetzt zu alt und krank, um einen theoretischen Dialog mit Ihnen zu führen.
Ich hoffe, dass das kurdische Volk eines Tages in einer freien, demokratischen Gesellschaft leben kann, die seine Brillanz widerspiegelt.
Im Jahr 2005 machte die PKK Öcalans demokratischen Konföderalismus zu ihrer Ideologie.
Im März 2005 veröffentlichte Öcalan von seinem Inselgefängnis aus die »Erklärung zum Demokratischen Konföderalismus«:
Wir werden eine Basisdemokratie schaffen, die sich auf kommunale Strukturen stützt. Dorf-, Stadt- und Gemeindeversammlungen – die Menschen in der Gemeinschaft – werden die Entscheidungen treffen. Ich rufe alle Teile der Gesellschaft, insbesondere Frauen und Jugendliche, auf, demokratische Organisationen zu gründen und sich selbstzuverwalten.
Im Juli 2006 starb Murray in unserem Haus in Vermont.

Einige Monate später schrieb die PKK eine großartige Hommage an Bookchin als großen »Sozialwissenschaftler«.
Er hat gezeigt, dass der Kapitalismus die Menschheit an den Punkt ihrer möglichen Auslöschung gebracht hat ... dass der Kampf für Freiheit, Demokratie und Sozialismus keine Wahl, sondern eine Verpflichtung ist ...
... und dass Demokratie, Freiheit und Sozialismus nur in einem System außerhalb des Staatsapparates verwirklicht werden können.
Um eine Demokratie ohne Staat zu schaffen, schlug er den »Konföderalismus« vor, ein Modell, das wir für kreativ und realisierbar halten.
Die PKK gab daraufhin ein außergewöhnliches Versprechen ab:
Wir werden dieses Versprechen in die Tat umsetzen, als erste Gesellschaft, die einen konkreten Demokratischen Konföderalismus einführt.
Bookchin ist nicht gestorben. Er wird durch sein Werk und durch die Arbeit anderer weiterleben.

Umsetzung

2019 traf ich Ronî Ekin, der an der Akademiya Mesopotamya in Qamislo lehrt. Wir sprachen über Bookchin und Öcalan.
Der größte Unterschied zwischen ihnen liegt in der Umsetzung.

Umsetzung, ja. Nach 2005, als die kurdische Bewegung sich dem Demokratischen Konföderalismus verschrieb, machten sich Aktivist*innen daran, ihn in die Praxis umzusetzen.
Im Südosten der Türkei gründeten sie Versammlungen und Räte und wählten kurdische Bürgermeister*innen.
Aber der türkische Staat untergrub ihre Bemühungen, verhaftete sie als »Terroristen« und steckte sie ins Gefängnis.

Auch in Nordsyrien versuchte die neu gegründete Partei PYD, den Demokratischen Konföderalismus umzusetzen. Aber ähnlich wie in der Türkei ...
Das Assad-Regime versuchte, unsere Bemühungen zu untergraben, verhaftete uns als »Terroristen«, steckte uns ins Gefängnis und folterte uns.
Amine

In Syrien konnten Kurd*innen sich im Untergrund organisieren. Viele der tatkräftigsten Aktivist*innen waren Frauen – die der Verhaftung eher entkamen als den Männern, so als würde das Regime nicht daran glauben, dass Frauen politisch aktiv werden könnten. Sie gründeten Schattenräte, -komitees und -versammlungen.

Nach den Befreiungen im Sommer 2012 bildeten die kurdisch-geführten Institutionen die neue Selbstverwaltung im semi-autonomen Nordsyrien.

Ihre Ideologie war der Demokratische Konföderalismus.

2019 besuchte ich die Universität von Kobanê. Dort erkannte Heysem Mislim, ein Literaturlehrer, Murrays Namen, als wir ihn erwähnten.
Ich weiß von Bookchin, weil ich in Öcalans Buch über ihn gelesen habe.
Welches?
Das erste Buch 2004, eine seiner Verteidigungs-schriften.
Was schrieb Öcalan über ihn?
Er schrieb, dass Bookchin ein System vorschlug, welches auf der Kommune basiert, in welcher die Menschen sich selbst regieren können.
Ich denke, es ist ein gutes System, weil Menschen so lernen, Probleme selbst zu lösen. Wir brauchen dieses System. Es gefällt mir sehr.
Warum übernahmen Kurd*innen dieses System?
Denk an unsere Geschichte, unsere Traditionen. Das größere Kurdistan hat vier Teile. Wir können nicht ein Land aus allen vier Teilen bilden.
Die demokratische Nation und das Kommunen-Räte-System sind der beste Weg für uns.

Und wir möchten nicht wie Länder sein, in denen Menschen sich, sobald etwas Schlimmes passiert, hilflos an die Regierung wenden, damit das Problem gelöst wird. Stattdessen schauen wir auf unsere Nachbarn und lösen unsere Probleme selbst.
Ich mag Murray Bookchin sehr, weil Öcalan ihn erwähnte. Ich bin froh, seine Frau kennenzulernen.
Später erzählte mir Ernesto »Che« Guevara, dass er 2008 ein Seminar über Bookchin gegeben hatte und dabei dessen Ideen für einen ökologischen Neuaufbau betonte.
Ökologie ist hier schwierig. Es gibt kein Recycling und Menschen trinken Wasser aus Plastikflaschen.
Aber die nächste Generation wächst mit diesen Ideen auf und sie werden die Welt verändern.
Ich gelangte zu dem Schluss, dass obwohl viele Menschen hier in Nordostsyrien nie von Bookchin gehört haben, er Teil der DNA dieses neuen Systems ist, weil seine Ideen zu ihm beigetragen haben.

# XIV. Demokratie

Kommunen sind nicht einfach Versammlungen.
Sie behalten die Einwohner*innen im Blick, verteilen Erdgas, eine Flasche pro Familie und Monat, und Dieselkraftstoff.
Deine Kommune stellt dir einen Zettel aus, auf dem steht, dass du im ersten Monat 200 Liter Diesel bekommen kannst. Oder mehr im Winter. Dann kannst du es abholen.
Jede Kommune hat zehn Komitees.
Zuerst gibt es die Friedenskomitees. Sie kümmern sich um Konfliktlösung. Wir werden später eins besuchen. Sicherheit, oder Selbstverteidigung.
Sicherheit, oder Selbstverteidigung.
Bildung, Kultur und Kunst.
Wirtschaft. An vielen Orten bedeutet das Landwirtschaft.
Frauen. Gesundheit.
Soziales, wie Armut, Gefallenenfamilien, Geflüchtete, Arbeit.
Dienstleistungen oder Infrastruktur.
Und das zehnte ist ... Es fällt mir gleich ein ... ach ja, Diplomatie.
Ihre Namen mögen variieren, aber ihre Funktionen sind in allen Kommunen des Nordostens gleich. Auf den oberen Ebenen der Selbstverwaltung gibt es dieselben zehn Komitees, die Gremien genannt werden.

Er zeichnet ein Diagramm, das die Struktur der Kommunen und Räte zeigt, wobei die Macht von unten nach oben und schließlich in die Selbstverwaltung fließt. Die zehn Komitees verlaufen in parallelen vertikalen Linien nach oben.

## Autonome Administration: Exekutiv-, Legislativ- und Justizräte

Gremien: (1) Frieden (2) Sicherheit (3) Bildung (4) Wirtschaft (5) Kultur (6) Frauen (7) Gesundheit (8) Infrastruktur (9) Soziales (10) Diplomatie

⇧

## Regionalrat

Komitees: (1) Frieden (2) Sicherheit (3) Bildung (4) Wirtschaft (5) Kultur (6) Frauen (7) Gesundheit (8) Infrastruktur (9) Soziales (10) Diplomatie

⇧

## Rat des Kantons

Komitees: (1) Frieden (2) Sicherheit (3) Bildung (4) Wirtschaft (5) Kultur (6) Frauen (7) Gesundheit (8) Infrastruktur (9) Soziales (10) Diplomatie

⇧

## Bezirksrat

Komitees: (1) Frieden (2) Sicherheit (3) Bildung (4) Wirtschaft (5) Kultur (6) Frauen (7) Gesundheit (8) Infrastruktur (9) Soziales (10) Diplomatie

⇧

## Stadtrat

Komitees: (1) Frieden (2) Sicherheit (3) Bildung (4) Wirtschaft (5) Kultur (6) Frauen (7) Gesundheit (8) Infrastruktur (9) Soziales (10) Diplomatie

⇧

## Nachbarschaftsrat

Komitees: (1) Frieden (2) Sicherheit (3) Bildung (4) Wirtschaft (5) Kultur (6) Frauen (7) Gesundheit (8) Infrastruktur (9) Soziales (10) Diplomatie

⇧

## Kommune

Komitees: (1) Frieden (2) Sicherheit (3) Bildung (4) Wirtschaft (5) Kultur (6) Frauen (7) Gesundheit (8) Infrastruktur (9) Soziales (10) Diplomatie

## Kommune: Jada Kebira, arabisches Dorf im Westen Kobanês

Das Treffen beginnt, wie alle Sitzungen, mit einer Schweigeminute für die Gefallenen.

Die Kommune von Jada hat dieselben zehn Komitees wie alle anderen. Der Ko-Vorsitz eines jeden Komitees stellt einen Bericht vor.
Im Friedenskomitee ist unsere Aufgabe, wenn möglich, die Konfliktlösung, oder, wenn nicht möglich, die Übergabe des Konflikts an das Friedenskomitee auf der nächsthöheren Ebene.

Beim Gesundheitskomitee brauchen wir Medikamente. Wir haben keine. Wenn Menschen krank werden, müssen sie in die nächste Stadt fahren.
Im Landwirtschaftskomitee ist alles in Ordnung, wir müssen nur schauen, dass der Ko-Vorsitz sicherstellt, dass genug Lebensmittel vorhanden sind.

Wir haben gelitten während des Krieges. Alles war zerstört. Wir bauten Kommunen und Komitees auf. Jetzt ist die Sicherheit gewährleistet und es wird besser.
Das Sicherheitskomitee hält Nachtwache. Es ist ein guter Dienst für unser Volk.
Vorher waren die Aufgaben von Frauen auf die Küche begrenzt. Dann befreiten die SDF unseren Teil Syriens vom IS. Jetzt haben Frauen eine viel größere Rolle.
Ich bin im Bildungskomitee. Wir haben genug Lehrer*innen. Es läuft gut.
Rihab, vom Frauenkomitee und Ko-Vorsitzende der Kommune von Jada
Ich bin Ahmed, beim Komitee für Soziales. Wir haben Schwierigkeiten beim Zugang zu Erdgas. Bald ist Ramadan, und eine Flasche pro Familie wird nicht ausreichen.
Beim Infrastrukturkomitee kümmern wir uns um die Straßen und Gebäude. Wir haben viele Probleme mit den Straßen. Wir übermitteln viele Anfragen nach oben.

Wenn Jada ein Problem nicht lösen kann, wird es an den Bezirksrat von West-Kobanê übergeben – ich bin Delegierter – und wir greifen es bei unserer wöchentlichen Sitzung auf.
Wenn der Bezirksrat das Problem auch nicht lösen kann, übergeben wir es an eine höhere Ebene.
Das wichtigste, was wir tun, sind die Besuche bei den Familien der Gefallenen und bei ärmeren Familien. Wir können kein Gefälle zwischen Arm und Reich akzeptieren.
Jamal, Delegierter beim Bezirksrat von West-Kobanê
Daesh zwang uns zu Dingen, die wir nicht tun wollten. Jetzt zwingt uns niemand zu irgendwas gegen unseren Willen.
Unsere Selbstverwaltung ist jung und wir machen Fehler. Das ist normal, aber das Gute ist, dass es sich um unsere eigenen Fehler handelt.

Die Teilhabe von arabischen Frauen ist zweifellos unverzichtbar für die Zukunft der Gesellschaft.
Vorher hatten Frauen hier keine Rolle außerhalb der Küche.
Aber seit der Befreiung arbeiten Frauen und Männer Seite an Seite.

Aber Rihab, du bist die einzige Frau hier.
Warum nehmen nicht mehr Frauen an den Sitzungen der Kommune teil?
Frauen sind die Hälfte der Gesellschaft. Unser Verhältnis zu den Männern ist 50:50.
Ihre Antwort wirkte eher wie ein Wunsch-denken als wie Realität.

# Friedenskomitees, Kobanê

Wenn beide Seiten mit einer Lösung zufrieden sind, ist es vorbei und alle können nach Hause gehen. Wenn nicht, übergeben wir die Sache an das Justizorgan der nächsten Ebene.
Wir lehnen ab, Anwält*innen einzuschalten.

Was passiert bei Straftaten wie Mord?
Wir gehen zu den Familien des Täters und des Opfers und versuchen, über eine Lösung zu sprechen, bevor jemand Rache übt und das Problem dadurch verschlimmert.

Vor sieben Jahren tötete ein Mann drei Menschen, zwei von ihnen für Geld und Autos. Die Tradition besagt, dass die Familien ein Recht darauf haben, sich zu rächen.
Wir erklärten den Familien der Opfer, dass Mord inakzeptabel ist und sie dennoch kein Recht auf Rache haben.
Der Mann ist lebenslänglich im Gefängnis. Das akzeptierten sie.
Adnan Abbas Ahmed

Werden eure Entscheidungen von der Ethniztiät oder Religion beeinflusst?
Wir berücksichtigen nur die Rechte der Menschen. Wir achten nicht auf ihre Religion oder Ethnie.
Vor einigen Tagen verlor in Afrîn ein kurdischer Zivilist sein Auto.
Es wurde an einen Araber verkauft. Der kurdische Besitzer entdeckte es bei einer Verkehrskontrolle.
Der Kurde und der Araber stritten sich um den Besitz des Autos.
Unsere Lösung war, dem Kurden 7.000 Lira und dem Araber das Auto zu geben. Beide waren zufrieden.

Während unseres Besuchs beim Friedenskomitee kam ein Scheich mit einer Beschwerde an.
Erzähl uns deine Geschichte.
Jemand hat mein Geld gestohlen.

Ich habe mich beim IS beschwert, als die hier zuständig waren, aber sie haben nichts unternommen, um mir zu helfen.
Jetzt möchte ich, dass ihr mir helft. Seht euch dieses Papier an.
Es ist eine Vereinbarung zwischen mir und einem Mann, den ich kenne. Sieh – er hat es unterschrieben, genau hier!
Hmmm. Ihr Dokument hat kein Siegel und es wurde von niemandem bezeugt.
Es kann nicht als gültig angesehen werden. Wissen Sie, ich habe das Gefühl, dass diese andere Partei gar nicht existiert.
Wenn Sie weitere Hilfe brauchen, gehen Sie mit Ihrer Beschwerde zum Gericht und fragen sie dort nach.

# Nachbarschaftsrat, West-Botan

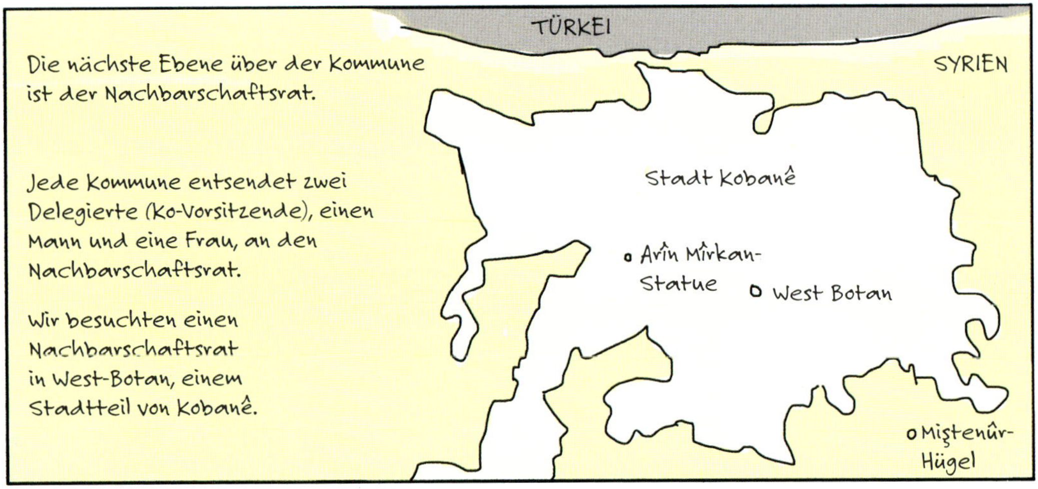

Nach der Schweigeminute für die Gefallenen ...
Wir halten viele Sitzungen ab, damit wir wissen, was in unseren Nachbarschaften los ist. Wenn jemand ein Problem an ein Komitee heranträgt, arbeiten die Ko-Vorsitzenden an einer Lösung.

Ich bin im Sicherheitskomitee. Wir trainieren Frauen darin, AK-Sturmgewehre zu benutzen. Wenn jemand Straftaten wie einen kleinen Diebstahl begeht, rufen wir die Asayîş.
Wir benachrichtigen Bewohner*innen über Beerdigungen von Gefallenen, damit sie an der Beerdigung teilnehmen können. Wir besuchen die Familien der Gefallenen. Wenn es einen Notfall gibt, oder irgendein Problem, benachrichtigen wir unseren Ko-Vorsitz.

Beim Komitee für Soziales helfen wir ärmeren Familien. Wenn eine arme Person erkrankt, sammelt die Kommune Geld, um sie ins Krankenhaus zu bringen.
Ich bin beim Infrastrukturkomitee. Wenn eine Ampel zerstört wird, werden wir für die Reparatur angefragt. Wir leiten es an die Selbstverwaltung weiter.

Unsere Straßen sind noch immer zerstört. Niemand kann auf ihnen laufen oder fahren. Wir fragen den Rat immer wieder danach, sie zu reparieren, aber es geschieht nichts.
Wir haben nicht die Ausstattung, um die Straßen zu reparieren. Uns fehlen Ressourcen.
Alles, was wir tun können, ist, unsere Ko-Vorsitzenden darüber zu benachrichtigen, dass unsere Leute Straßen und Ampeln wollen.

Menschen in meiner Kommune kommen zu uns, wenn sie Hilfe brauchen, und wir fragen die Ko-Vorsitzenden der Nachbarschaft um Hilfe.
Aber manchmal beschweren sie sich auch, dass wir nicht genug tun würden, um die Familien zu unterstützen.

Aber wir tun sehr viel. Wir erfassen die persönlichen Daten der Familien. Wenn es eine Sitzung gibt, gehen wir zu den Familien und ermutigen sie, teilzunehmen.
Wir treffen uns jede Woche, um zu Problemen von Benzin und Diesel zu arbeiten.

Wenn es einen Notfall gibt, alarmieren wir die Menschen. Wenn Menschen Dokumente brauchen, kommen sie zu mir und ich stelle ihnen aus, was sie brauchen, und stemple es ab.
Alle Ko-Vorsitzenden sind Freiwillige – wir werden nicht bezahlt.

Während der Schlacht von Kobanê hatten wir viele Gefallene. Es war Blut auf dem Boden. Aber jetzt sind wir hier, wegen des Bluts der Gefallenen.

Wir versuchen, die Probleme zu lösen, aber, wenn wir es nicht schaffen, geben wir sie an die nächsthöhere Ebene: den Stadtrat.

Zwei Leute aus West-Botan sind Delegierte im Stadtrat von Kobanê.
Auf dem Schild am Gebäude steht »Stadtrat von Kobanê« auf Kurdisch und Arabisch.
اقليم الفرات - مقاطعة كوباني
MECLISA NAVÇEYA KOBANÎ
مجلس ناحية كوباني

Der Stadtrat besteht aus 42 Menschen und zehn Komitees. Seine zwei Ko-Vorsitzenden fungieren als Stellvertreter*innen für die nächsthöhere Ebene.
Die Ko-Vorsitzenden der Komitees erklären, was sie bei ihren wöchentlichen Sitzungen machen.

Beim Wirtschaftskomitee erzählen uns die Kommunen und Nachbarschaften von ihren – meist landwirtschaftlichen – Problemen.
Wenn Menschen landwirtschaftliche Geräte brauchen, helfen wir ihnen dabei, sie von anderen Kommunen zu erhalten. Wir verwalten die Getreidesilos.
Bei der Kultur und Kunst fördern wir die Wiederherstellung der unterdrückten kurdischen künstlerischen Traditionen. Wir unterrichten Kinder in traditionellen Kunstformen.
Ich bin beim Gesundheitskomitee. In unserer Gegend mangelt es an Medikamenten. Wenn die Kommunen uns um Nachschub bitten,
ist alles, was wir tun können, die Anfrage an die Gesundheitskomitees der nächsthöheren Stufe weiterzuleiten. Es ist ein großes Problem.
Gleichzeitig gehen einige unserer Leute für medizinische Behandlungen nach Aleppo oder Damaskus.
Beim Frauenkomitee versuchen wir, Arbeit für Frauen zu finden. In Kobanê haben die meisten Frauen derzeit eine Arbeit. Beim Mala Jin schlichten wir Konflikte zwischen Männern und Frauen.
Beim Komitee für Soziales kümmern wir uns um die Probleme armer Familien. Wir besuchen sie und bieten ihnen Unterstützung an. Außerdem besuchen wir die Familien der Gefallenen.
Das Kommunen-Räte-System wirkt manchmal wie eine durchdachte Struktur der Sozialfürsorge.

Wir Kurd*innen sind den Europäer*innen und Amerikaner*innen ähnlich. Wir versuchen, unser Selbstverwaltungssystem ähnlich wie sie aufzubauen.
Was ist mit politischen Parteien? Europa und Amerika haben konkurrierende Parteien.
Oh, wir haben eine Menge Parteien. Die PYD. Die kurdische Einheitspartei. Die Konferenzpartei.

Was passiert, wenn die Mitglieder des Stadtrats nicht einer Meinung sind?
Wir stimmen ab!

Aber weißt du, für alle in Kobanê bedeutet Sicherheit mehr als Politik.
Wir wollen niemanden angreifen. Aber wenn wir angegriffen werden, werden wir uns verteidigen.
Wir wollen Teil einer demokratischen Nation sein, in der alle akzeptiert werden.

# XV. Selbstverwaltung

* Bis zur türkischen Invasion in Serê Kaniyê und Girê Spî, die im Oktober 2019 begann, war Ain Issa der Sitz der Selbstverwaltung. (Anm. d. Übers.)

In Ain Issa besuchen wir meine Freundin Amine Ossi, die 2014 meine Delegation empfing.
Seit März 2019 ist sie stellvertretende Ko-Vorsitzende des Exekutivrats des Nordostens.
Sie ist so warmherzig und brilliant wie immer.
Amine, was hat sich hier am meisten verändert, seit wir uns vor vier Jahren das letzte Mal sahen?
Der Wechsel von »Rojava« zur Selbstverwaltung. Während des Kampfs gegen Daesh, als unsere Gebiete befreit wurden, musste sich unser System ändern.
Statt der ursprünglichen drei Kantone haben wir nun sieben Regionen.
Die drei befreiten Regionen Raqqa, Tabqa und Deir ez-Zor haben alle eine arabische Mehrheit.
Sie alle sind nun Teil der Selbstverwaltung für den ganzen Nordosten.

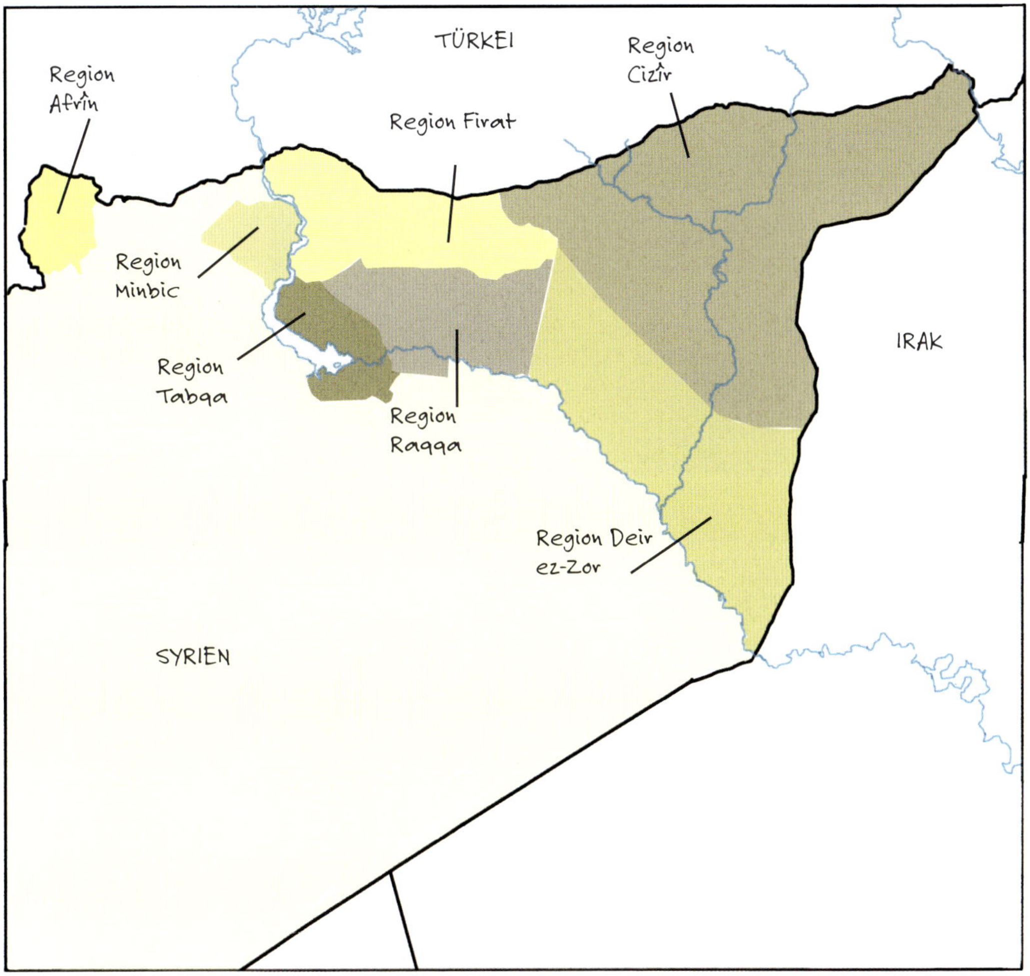
TÜRKEI
Region Afrîn
Region Cizîr
Region Firat
Region Minbic
Region Tabqa
Region Raqqa
IRAK
Region Deir ez-Zor
SYRIEN

Haben die neuen Regionen denselben Status wie die älteren?
Ja, und sie alle haben demo-kratische Räte.

Ich erinnere mich, wie du vor 5 Jahren sagtest, dass es schwierig war, die Mentalität des Baath-Regimes zu überwinden. Wie läuft es damit?
In den kurdischen Gebieten hat es sich zu 90 Prozent geändert. In den arabischen Gebieten haben die Baath-Mentalität und Daesh viele Schwierigkeiten verursacht.
Bemerkenswert. Hat das Misstrauen zwischen Kurd*innen und Araber*innen wirklich so nachgelassen?
Obwohl, jetzt wo ich darüber nachdenke, haben Menschen mir während meines jetzigen Besuchs immer und immer wieder gesagt, dass es nachgelassen hat.
In unserer Arbeit haben wir die Mentalität, die Araber*innen und Kurd*innen spaltete, so gut wie überwunden. Jetzt teilen wir uns die Selbstverwaltung.

Danach trafen wir Bêrîvan Hesen, die derzeit Ko-Vorsitzende der Kommission für Soziales in der Region Kobanê ist. Sie ist eine der überlebenden Schwestern von Ednan Hesen, den wir vorher getroffen hatten.
Es tut mir leid, was Ihrer Familie zugestoßen ist, Frau Hesen.

Du brauchst es nicht zu erwähnen. Kobanê wurde durch das Blut meiner Familie befreit. Meine Familie wollte, wie alle anderen auch, die Freiheit, und Freiheit hat einen hohen Preis.
Sie wollen also etwas über die Selbstverwaltung wissen? Nun, sie ist aus den Gremien entstanden, die ihr vorausgegangen sind, und aus den Kräften, die mit uns im Nordosten zusammenarbeiten.
Sie umfasst alles von der Ebene der Kommune und der Straße aufwärts. Die zehn Komitees reichen bis in die Selbstverwaltung hinein.

Fließt die Macht wirklich von unten nach oben?
Unser System ist dezentral und die wichtigste Kraft des Systems kommt von den Menschen an der Basis.
Eine Art und Weise, Zentralisierung zu vermeiden, ist das Prinzip des Ko-Vorsitzes: Wir haben auf jeder Ebene zwei Vorsitzende, einen Mann und eine Frau. Es ist ein demokratisches Prinzip.
Wie werden Wahlen abgehalten?
Sie funktionieren auf den verschiedenen Ebenen unterschiedlich. Die Wahlen beginnen an der Basis – auf der Ebene der Kommune. Die Menschen wählen die Ko-Vorsitzenden als Delegierte, und zwar von unten nach oben.
Wir hatten Wahlen für die Vertreter*innen auf Kantonsebene. Die kantonalen Wahlen wurden mit Listen durchgeführt.
Die Liste »Demokratische Nation« ist eine Koalition aller Parteien, die die Selbstverwaltung akzeptieren. Es gibt auch eine Liste der Mitte, die sich aus anderen Parteien zusammensetzt. Die Menschen wählen aus diesen Listen.

Werden die Exekutiv-, Legislativ- und Justizorgane von der Bevölkerung gewählt?
Wir hatten noch keine Wahlen auf der regionalen Ebene. Für die Regionen hatten wir bisher eine Vereinbarung unter allen Listen.
Ja.
Ich habe den Eindruck, dass die oberen Teile des Systems eher einer repräsentativen Demokratie als einer Versammlungsdemokratie gleichen. Das Volk wählt Vertreter*innen.
Das System als Ganzes scheint eine Mischung aus Versammlungsdemokratie und repräsentativer Demokratie zu sein.
Puristische Soziale Ökolog*innen könnten dagegen Einwände erheben, aber diese Mischung ist vielleicht das Beste, was die Menschen in der echten Welt umsetzen können.
Vor allem in Zeiten des Krieges.
»Wir sind alle Glieder einer Kette« ist Teil des Ethos des Selbstverwaltungssystems, da die Führung versucht, auf die Wünsche der Basis einzugehen.

Leyla Karaman vom Demokratischen Rat Syriens
Hallo, du bist Amerikanerin und Britin, oder? Ich komme aus Afrîn. Weißt du, ich bin hier in Ain Issa, und nicht in Afrîn, wegen eurer Länder.
Sie meint die Weigerung von USA und Großbritannien, die Türkei von einer Invasion in Afrîn abzuhalten.
Leyla, ich wünschte, dass die USA auch Afrîn verteidigt hätten.
Bitte erzähl uns, was ist der Demokratische Rat Syriens?
Es ist eine Dachorganisation, welche die Selbstverwaltung und die SDF umfasst.
Die Selbstverwaltung dient den Menschen im Nordosten. Der Demokratische Rat Syriens und die SDF befassen sich mit dem Krieg.
Ist es eine dauerhafte oder vorübergehende Struktur?
Es handelt sich ausschließlich um eine kriegsbedingte Struktur.

In der Nähe von Ain Issa gibt es ein enormes Lager. Es besteht seit 2016 und beherbergt Geflüchtete aus ganz Syrien.
Geflüchtete sind gekommen und gegangen, je nach Kriegsverlauf, aber das Lager bleibt.
Ich fragte Bêrîvan nach ihrer Arbeit mit den Geflüchteten.
Wir haben Hunderttausende Geflüchtete, aber wir möchten auch ihnen unser demokratisches System anbieten.
Jedes Lager hat seine eigene Selbstverwaltung. Wenn Probleme aufkommen, versucht die Selbstverwaltung des Lagers, diese zu lösen.
Jede Verwaltung eines Lagers ist an eine Kommune und an einen Rat gebunden, die Teil der Selbstverwaltung sind.
Sie sind verbunden mit dem Büro für die Angelegenheiten Geflüchteter in der jeweiligen Region, mit dem Komitee für Soziales und mit den Organen in der Selbstverwaltung, die sich um Arbeit kümmern.

* Zitat aus dem Gedicht »The New Colossus« von Emma Lazarus aus dem Jahr 1883, das sich an der Freiheitsstatue in New York befindet (Anm. d. Übers.)

# XVI. Arabische Frauen

IS-Schläferzellen sind noch immer aktiv in der Region und es gibt auch noch Sprengfallen. Für diesen Teil der Strecke haben wir einen bewaffneten Fahrer.
Die Akademie in Raqqa liegt einige Kilometer außerhalb der Stadt Raqqa.
Als wir ankommen, erschüttert eine entfernte Explosion die Umgebung, und eine Rauchfahne steigt auf.
Ist jemand in eine Sprengfalle geraten?
Die Leiterin beider Akademien ist Haifa Mustafa.
Ich habe letztes Jahr mit Amine an der Gründung dieser Akademien gearbeitet.
Haifa lädt uns zum Mittagessen mit warmem Hühnchen und Reis ein.
Was unterrichten Sie in dieser Akademie?
Wir unterrichten die Geschichte der Frauen in der arabischen Tradition. Wir lehren die Frauen zu wissen, wer sie sind, um ihnen Selbstkenntnis zu vermitteln.

Die Traditionen der arabischen Frauen unterscheiden sich von denen der Kurd*innen. Arabische Frauen leiden nicht nur unter Daesh, sondern auch unter ihrer Tradition. Sie brauchen Unterstützung, um aktiver zu werden. Deshalb helfen wir ihnen, ihre eigene Kraft zu entdecken.
Wir zeigen ihnen, wie sie für sich selbst einstehen können. Wir lehren sie Selbstvertrauen und Empowerment.
Dürfen wir den Unterricht besuchen?
Hier in Raqqa nehmen die Frauen gerade an einer Selbsteinschätzung teil. Morgen werden sie ihren Abschluss machen.
Aber in Tabqa beginnt um 14 Uhr der Unterricht.
Also eilen wir nach Tabqa, um den Unterricht zu beobachten.

Bei der Anreise nach Tabqa fahren wir über einen der beiden Dämme, die Syrien mit Strom versorgen.
Die Kurse an dieser Akademie dauern 20 Tage.
Zurzeit nehmen 29 arabische Frauen im Alter zwischen 15 und 50 Jahren teil. Sie kommen aus Tal Abyad, Deir ez-Zor, Tabqa und Raqqa.
AKADEMIYA MECLÎSA JINÊN SURYA A TEBQA
Haben die Ehemänner oder Väter etwas dagegen, dass ihre Frauen und Töchter diese Akademie besuchen?
Das hängt von der Familie ab. Wenn eine Frau kommen will, dann kommt sie. Es ist nicht mehr wie damals, als Daesh hier war.

In Tabqa findet heute Nachmittag ein Unterricht zum Thema demokratische Nation statt.
Wir müssen die Demokratische Nation im Zusammenhang mit der demokratischen Tradition sehen.
Die demokratische Tradition geht auf Aristoteles und Plato zurück. Im Griechischen bedeutet »Demos« Volk und »Kratos« Herrschaft.
Das Ziel der Demokratischen Nation ist die Selbstverwaltung. Menschen arbeiten zusammen, um sich zu organisieren.

Alle haben das Recht, sich selbst zu regieren und an allen Aspekten des Lebens teilzunehmen.
Wie würdet ihr also die Demokratische Nation definieren?

Gleichheit für alle!
Rechte für alle!
Menschen, die ihre eigene Selbstverwaltung aufbauen!
Selbstbestimmung und Freiheit!
Es ist Gleichheit zwischen Männern und Frauen, und eine größere Rolle von Frauen in der Gesellschaft!
Es ist Respekt für verschiedene Völker, sowie Gleichheit zwischen ihnen!

Es ist eine Revolution gegen die Autoritäten.
Demokratie bedeutet Freiheit!
Es ist die Freiheit von Frauen, sich am Leben zu beteiligen!
Es ist die Revolution, die Apo für die Freiheit der Frauen geleistet hat.

Die Reichen und Mächtigen behindern die Demokratie. Aber der Aufstieg der Demokratischen Nation wird diese Hindernisse, insbesondere die Ungleichheit, beseitigen.
Die Demokratische Nation ist die Alternative zur Herrschaft der Mächtigen. Sie bedeutet Selbstherrschaft.

Die Menschen regieren sich selbst, außerhalb des Einflusses der Herrschenden und Mächtigen. Sie tun etwas, um armen Menschen zu helfen anstatt reichen Menschen.

Daesh hat Frauen daran gehindert, sich zu bilden. Wir hatten kein Recht zu reden.
Wir unterscheiden nicht zwischen ethnischen und religiösen Gruppen, zwischen Männern und Frauen oder zwischen Arm und Reich.
Wir brauchen ein Syrien, das allen gehört. Alle haben Rechte.

Jetzt, wo Daesh weg ist, können Frauen sprechen und eine große Rolle einnehmen. Als erstes müssen sie lernen, wer sie sind.
Wir haben die Geschichte syrischer Frauen gelernt. In der Antike regierte Königin Zenobia dieses Land!

Der IS erlaubte uns nicht, mit Kurd*innen oder Christ*innen zu sprechen. Jetzt können wir uns mit allen austauschen.
Die Demokratische Nation bedeutet Gleichheit zwischen den Religionen.
Die Demokratische Nation beginnt zu Hause. Es bedeutet, dass Frauen und Männer sich gemeinsam beteiligen.
Frauen sind die Basis der Gesellschaft. Denn wenn Frauen das Haus verlassen, ist die Gesellschaft ruiniert.

Apo sagte: »Wenn du einen Mann befreist, befreist du ihn allein. Aber wenn du eine Frau befreist, befreist du die ganze Gesellschaft.«
In Zukunft werden wir versuchen, mehr Ideen und Rechte umzusetzen, um eine demokratische Zivilisation zu erreichen. Zum Beispiel hat jeder ein Recht auf Bildung.

Um die Demokratische Nation zu erreichen, muss jede Frau ihre Verantwortung kennen. Wenn wir unsere Pflicht tun, werden wir eine Demokratische Nation haben. Wir müssen uns selbst in der Verantwortung für alles sehen.
Wir können die Gleichheit zwischen Frauen und Männern erreichen. Ihr müsst das Gelernte jetzt anwenden.
Die Kraft dazu liegt in uns selbst. Um in der Gesellschaft aktiv zu werden, müssen wir bei uns selbst anfangen.
Wir müssen in den Kommunen und Räten aktiv werden. Dort können wir die Probleme lösen, indem wir sie an der Wurzel packen.
Diese Frauen, die mit Begeisterung an der Demokratie teilhaben, sind das Gegengewicht zum Mangel an Frauen in den Kommunen arabischer Dörfer wie Jada Kebira.
Ich komme aus Deir Ez-Zor. Ich habe eine höhere Bildung genossen und mehrere Abschlüsse. Meine Tage hier in diesem kurzen Programm waren die bedeutendste Bildungserfahrung meines Lebens.

Sie baten mich, ein paar Worte zu sagen.
Ich möchte als Amerikanerin einige Worte sagen.
Wenn man das Glück hat, in einer Demokratie zu leben, darf man sich nicht zurücklehnen und es als selbstverständlich ansehen.
Als ich jung war, sagte meine Generation in den USA: »Politik ist schmutzig, also halten wir uns von ihr fern.«
Das war ein Fehler, denn indem wir uns weigerten, an ihr teilzunehmen, überließen wir den Reichen die Macht.
Wir hätten sagen sollen: »Die Politik ist schmutzig, lasst uns hingehen und sie säubern.«
Und jetzt verlieren wir womöglich das, was von unserer Demokratie noch übrig ist, weil wir sie für selbstverständlich hielten.
Für die Demokratie muss man kämpfen und sie erhalten.
Demokratische Institutionen sind zerbrechlich. Die Reichen und Mächtigen werden immer versuchen, sie euch wegzunehmen. Lasst sie das nicht tun! Bewahrt euch eure Demokratie, indem ihr sie nutzt.
Eure Lehrerin hat Recht – der beste Weg, sie zu erhalten, ist, sich an ihr zu beteiligen. Ich wünschte, ich könnte sie zurück nach Amerika bringen.

Wir fahren zurück zur Akademie in Raqqa für die morgige Abschlusszeremonie.
Während wir durch die Innenstadt von Raqqa fahren, bin ich froh über den bewaffneten Schutz. Es sind wenige Leute auf der Straße.
Viele Gebäude liegen noch in Trümmern. Raqqa hat im Kampf gegen den IS die heftigste Zerstörung erlitten.
Wir halten am Naim-Kreisverkehr, wo der IS einst abgeschlagene Köpfe aufhängte. Er ist umgebaut worden.
Wir steigen vorsichtig aus dem Wagen, während der bewaffnete Fahrer Wache hält. Der Platz heißt jetzt Freiheitsplatz.
Ednan steigt aus und betritt den Freiheitsplatz.
Er steht dort, wo einst diejenigen herrschten, die seine Familie ermordeten, aber jetzt nicht mehr.

Raqqa-Akademie
Als ich morgens im Gemeinschaftsraum der Raqqa-Akademie aufwache, reibe ich mir die Augen und trete auf den Flur hinaus. Die Absolventinnen sind bereits auf den Beinen.
Sie haben gerade ihre Handys zurückbekommen – während der Ausbildung waren keine Handys erlaubt.
Sie machen Selfies mit dieser seltsamen Amerikanerin in ihrer Mitte und lachen.

Dann gehen wir alle hinaus in den sonnigen Innenhof.
Einige der Frauen beginnen zu tanzen.
Ich kann einige Schritte, habe aber Mühe mit anderen.

Einige Männer schließen sich dem Tanz an.

Eine Frau sagt, sie möchte mit mir in die USA gehen.
Selbst wenn ich die Ressourcen dafür hätte, würde Trumps Amerika sie als Muslimin aus Syrien nicht akzeptieren.

Ich tanzte, bis der Kummer wieder der Freude gewichen war.

Die Ehemänner sind da, um die Frauen zurück nach Hause zu bringen.

Die Abschiede sind tränenreich.

Besma kommt aus dem nahegelegenen Monsoura, Mishlib
Besma, was wirst du mit dem Gelernten anfangen?
Ich möchte meine Töchter lehren, stark zu sein.

AKADEMIYA MECLÎSA
JINÊN SURYA A BAKÛRE
RAKKA

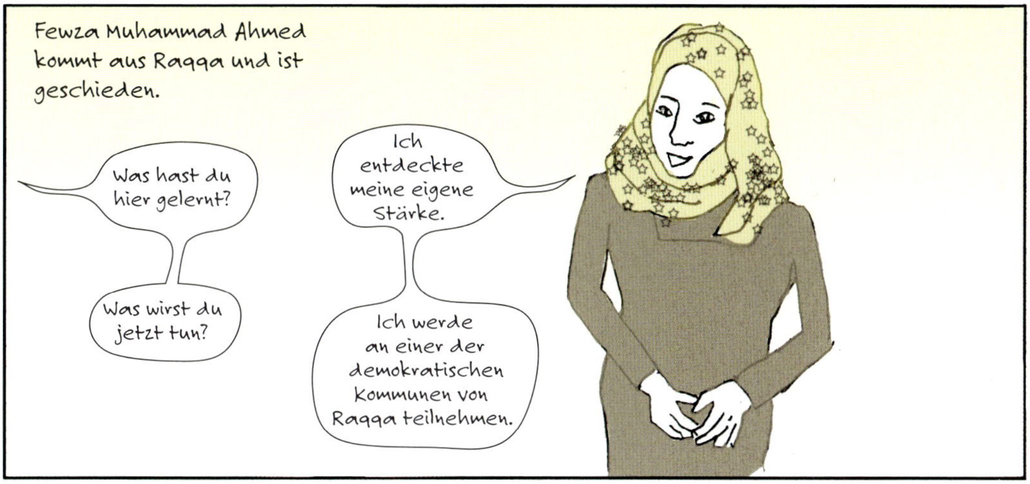
Fewza Muhammad Ahmed kommt aus Raqqa und ist geschieden.
Was hast du hier gelernt?
Ich entdeckte meine eigene Stärke.
Was wirst du jetzt tun?
Ich werde an einer der demokratischen Kommunen von Raqqa teilnehmen.

Naifa steht neben ihrem Ehemann Yassir.
Was hat dich hierhergeführt?
Mein Wille.
Was wirst du jetzt tun?
Ich lehre meine drei Töchter, ihrem Willen zu folgen und ihre eigene Stärke kennenzulernen.

Mumtaz aus Raqqa sitzt neben ihrem Ehemann Muhammad.
Was hast du gelernt?
Meine Stärke als Frau. Und dass wir einige frühere Fehler korrigieren müssen.
Welche Fehler?
Alle. Die Art, wie wir Frauen leben mussten.

Wie fühlt es sich das Ende der Ausbildung an, Haifa?
Ich hoffe, sie können umsetzen, was ich sie gelehrt habe.

Werden sie Unterstützung haben?
Jede Frau hat eine Unterstützungsgruppe. Sie wissen, dass sie alle sich aneinander wenden können, wenn sie Hilfe brauchen.

Während ich an meine letzten Momente mit diesen Frauen denke, denke ich an Amine Ossi in Ain Issa zurück.
Daesh war hier über vier Jahre lang. Nach der Befreiung eines Gebiets war die Beseitigung der Minen das Erste, was wir taten. Das Zweite war, den Prozess der Bildung in Gang zu setzen.
Wir haben enorme Anstrengungen unternommen, um die Mentalität der Menschen in den arabischen Gebieten zu ändern. Und wir haben herausgefunden, dass ...
... die Frauen in den arabischen Gebieten eher dazu bereit sind, mit uns zusammenzuarbeiten, als die Männer. Zuvor standen sie aufgrund der arabischen Traditionen unter Druck.
Aber wie man so schön sagt, nach dem Druck kommt die Explosion!
Es ist die Freiheit der Frauen, am Leben teilzunehmen!

# Nachwort

Während meines Besuchs schwebte die Gefahr einer türkischen Invasion bedrohlich über Rojava. Sie wurde zu Recht von allen gefürchtet. Die beiden Orte könnten unterschiedlicher nicht sein: der eine ein Nationalstaat, der andere ein Anti-Staat; der eine autoritär, der andere demokratisch; der eine nationalistisch, der andere bewusst multiethnisch; der eine islamistisch, der andere in seiner Funktionsweise säkular; und der eine mit einem traditionellen, der andere mit einem egalitären Geschlechterverhältnis. Vor allem aber duldete der eine – die Türkei – seinen südlichen Nachbarn nicht.

Im Oktober 2019, nur wenige Monate nach meinem Besuch, drangen von der Türkei unterstützte dschihadistische Kräfte in Rojava ein. Ein außenstehender Beobachter mag erwartet haben, dass die arabischen Kämpfer*innen der SDF die multiethnische Kampftruppe im Stich lassen würden. Dies geschah nicht: Die Einheit der Truppe blieb bestehen, ihr Engagement für die multiethnische Gesellschaft überwog alles andere. Während ich diesen Text schreibe, sind mehr als die Hälfte der SDF-Kämpfer*innen Araber*innen, und die regionalen Kommandant*innen sind sowohl Araber*innen als auch Kurd*innen.

Während des Krieges scheinen Kurd*innen, Araber*innen und Assyrer*innen gleichermaßen zu dem Schluss gekommen zu sein, dass ethnischer und religiöser Pluralismus kein bloßer Traum ist, keine bloße Frage von hochmütigem Altruismus oder Propaganda. Er ist eine strategische Notwendigkeit, unverzichtbar für ihr kollektives Überleben angesichts der Bedrohung durch die Türkei, durch das Assad-Regime und durch die Überreste des IS. Die Bewohner*innen haben genau verstanden, dass nur die Macht eines vereinten Volkes ihr Land und ihre Menschen erfolgreich verteidigen kann.

Seit der von ihr organisierten Invasion im Oktober 2019 hat die Türkei weitere Teile des Gebiets von Rojava besetzt, und sie hat kaum Konsequenzen für ihre Aggression zu spüren bekommen. Stattdessen quält sie weiterhin die Menschen in Rojava, brennt Felder nieder und manipuliert die Wasserversorgung, wobei sie sich auf das anhaltende internationale Schweigen verlässt.

Leser*innen, die mehr über Rojava erfahren möchten, sollten die Website des Rojava Information Center besuchen: https://rojavainformationcenter.com.

Und wenn euch die Zukunft von Rojava und das Überleben seiner Revolution am Herzen liegt, bitte ich euch dringend, eure Abgeordneten zu kontaktieren und zu fordern, dass sie:

- den Nordosten anerkennen und ihn in die Friedensgespräche der UN über die Zukunft Syriens einbeziehen;
- fordern, dass die Türkei sich aus den von ihr besetzten syrischen Gebieten

zurückzieht, einschließlich Afrîn, Serê Kaniyê, Tal Abyad, Jarabulus und Azaz, und dass sie Konsequenzen für ihre jahrelange Aggression dort spüren muss;

- Druck auf die Türkei und den Irak ausüben, damit sie ihre Grenzen zum Nordosten für die Lieferung von humanitären Gütern öffnen; und
- ihre finanzielle und politische Unterstützung für die Stabilisierung und den Wiederaufbau nach der IS-Herrschaft vergrößern, insbesondere im Bildungsbereich.

Janet Biehl
Bijî Bakûr û Rojhelatê Sûriyê

# Danksagungen

Ich bin Danny Mitchell und Ross Domoney dankbar, dass sie mich nach Rojava gebracht haben, um den Film zu drehen. Auch sie waren begierig darauf, die gewohnten Pfade zu verlassen und die Gedanken der Menschen auf der Straße, in Büros und Restaurants zu erforschen. Es war ein Vergnügen, mit ihnen zusammenzuarbeiten, denn sie haben mich über das hinausgeführt, was ich für meine Grenzen hielt.

Ossama Muhammad und Hesen Elî übersetzten für uns, fuhren für uns und trafen Vorkehrungen, während sie gleichzeitig unzählige unserer Fragen beantworteten. Ich bin diesen beiden Multitasking-Talenten für ihre Aufmerksamkeit und Geduld dankbar. Ich danke Sara Stêrk für die Flüsterübersetzung von Zozans Vortrag.

Ich bedanke mich auch bei der Rojava Film Kommune und dem Rojava Informationszentrum für ihre Vorschläge, wohin wir gehen und mit wem wir sprechen sollten. Danke an Kongreya Star für die Vorbereitungen. Danke an die YPJ, die uns in Hesekê Zutritt gewährte. Danke an alle, die sich bereit erklärt haben, mit uns vor der Kamera zu sprechen.

Wie viele andere auf der Welt bin ich den SDF dankbar, dass sie die Sicherheit dieser bemerkenswerten Gesellschaft gewährleisten. Vor allem aber danke ich den Menschen im Nordosten Syriens für ihren Mut und ihre großen Hoffnungen. Diktaturen leben vom »Teilen und Herrschen«. Möge euer Zusammenhalt in ethnischer, religiöser und geschlechtlicher Hinsicht eure Feinde frustrieren. Möget ihr an eurer Demokratie festhalten, indem ihr euch an ihr beteiligt. Möget ihr weiterhin ein Vorbild für die friedliche Koexistenz im restlichen Nahen Osten und in der ganzen Welt sein. Und möget ihr eines Tages in einem Zustand des Friedens leben, in dem schierer physischer Mut keine Voraussetzung mehr für das tägliche Überleben ist.

*Murray Bookchin*

# Die nächste Revolution

## Libertärer Kommunalismus und die Zukunft der Linken

Mit einem Vorwort von Ursula K. Le Guin
2. Auflage
224 Seiten | 16 € | ISBN 978-3-89771-594-3

**Für eine ökologische und freiheitliche Erneuerung der Linken im 21. Jahrhundert!**

Er beschäftigte sich schon in den 1950er-Jahren mit Ökologie aus einer linken Perspektive und spürte dem roten Faden der Freiheit in der Menschheits- und Naturgeschichte nach. Im Laufe der Jahre beeinflussten seine Schriften zahlreiche politische Denker*innen und Soziale Bewegungen – von der radikalen Ökologiebewegung bis zur Antiglobalisierungsbewegung. Nicht zuletzt die kurdische Befreiungsbewegung in der Türkei und in Syrien bezieht sich aktuell auf die Weiterentwicklung von Bookchins Idee eines Libertären Kommunalismus hin zu einer Praxis des Demokratischen Konföderalismus. Wir können also anders! Die in diesem Band gesammelten Aufsätze sind grundlegend für eine politische Praxis, die die Gesellschaft nach freiheitlichen und ökologischen Prinzipien wiederaufbauen möchte.

Mit einem Vorwort der Bestsellerautorin Ursula K. Le Guin eingeleitet, versammelt ›Die nächste Revolution‹ erstmals Bookchins Essays über Freiheit und direkte Demokratie, um eine politische Vision zu entwickeln, die vom Protest zur praktischen Transformation des Kapitalismus führen kann.

*» … ein vielfältiger und in Europa wenig beachteter Denker, der Aufmerksamkeit verdient. Seine engagierten Essays rufen zum Aktivismus auf, den wir auch heute noch dringend nötig haben.«*

*– Philip J. Dingeldey, neues deutschland*

**UNRAST Verlag • Fuggerstr. 13a • 48165 Münster**
**www.unrast-verlag.de • E-Mail: kontakt@unrast-verlag.de**

UNRAST

*Meredith Tax*

## Auf einem unwägbaren Weg

**Der Freiheitskampf der Frauen in Kurdistan**

328 Seiten | 19,80 €
ISBN 978-3-89771-064-1

### Revolution, Frauenbefreiung und Demokratische Autonomie in Kurdistan/Rojava

Meredith Tax macht sich in diesem Buch auf den Weg, die Frauenbewegung in Kurdistan, die Politik der Geschlechterbefreiung, die Praxis der männlich/weiblichen Doppelspitze in den Bürgermeisterämtern und wichtigen Verwaltungspositionen der faktisch autonomen Region Rojava sowie die 40%-Frauenquote in allen kommunalen und überregionalen Räten der Nordsyrischen Föderation (Rojava) kennenzulernen und zu beschreiben.Dabei stellt Tax, nach einer kurzen Einführung in die politische Geschichte Kurdistans, das von Murray Bookchin inspirierte und von Abdullah Öcalan ausgearbeitete gesellschaftspolitische Konzept der ›Demokratischen Autonomie‹ genauer vor.

*Internationale Initiative ›Freiheit für Öcalan – Frieden in Kurdistan‹ (Hg.)*

## Das freie Leben aufbauen

**Dialoge mit Abdullah Öcalan**

336 Seiten | 18,00 €
ISBN 978-3-89771-076-4

### Internationale Autor*innen debattieren über Öcalan

In diesem besonderen Band sind 18 Autor*innen, Aktivist*innen, Philosoph*innen und Wissenschaftler*innen vertreten, deren Ideen im Verhältnis zu Öcalans Schriften untersucht und debattiert werden. Das breite Spektrum namhafter AutorInnen beleuchtet verschiedene Aspekte der Theorie und Praxis des einflussreichen kurdischen Denkers, der sich seit mehr als zwanzig Jahren in Isolationshaft auf der türkischen Gefängnisinsel Imralı befindet.

Die Beiträge von Autor*innen wie John Holloway, David Graeber, Immanuel Wallerstein, Antonio Negri, Peter Lamborn Wilson (Hakim Bey), Norman Paech, Muriel Gonzáles Athenas, Andrej Grubacic, Raúl Zibechi, Fabian Scheidler, Mechthild Exo u.a.

*Peter Schaber*

## Die Überwindung der kapitalistischen Moderne

**Eine Einführung in die politische Philosophie Abdullah Öcalans**

2. Auflage
160 Seiten | 12,80 €
ISBN 978-3-89771-082-5

### Zusammenfassende Einführung in das Gesamtwerk des Vordenkers der kurdischen Freiheitsbewegung

Nach dem Scheitern des realexistierenden Staatssozialismus hat Abdullah Öcalan die theoretischen Grundlagen der kurdischen Freiheitsbewegung von Grund auf umgekrempelt. In einer Odyssee durch Tausende Jahre Menschheitsgeschichte erforscht er Patriarchat und Klassengesellschaft, aber auch die Perspektiven eines Kampfes für radikale Demokratie, soziale Gerechtigkeit und ökologische Nachhaltigkeit. Die vorliegende Einführung ermöglicht einem breiten Publikum einen verständlichen Zugang zu seinen umfangreichen Schriften, in denen er so hartnäckig wie optimistisch gegen die vermeintliche Alternativlosigkeit des Bestehenden anschreibt.

***UNRAST* Verlag • Fuggerstr. 13a • 48165 Münster**
**www.unrast-verlag.de • E-Mail: kontakt@unrast-verlag.de**